海　派（第5辑）

上海大学出版社

图书在版编目(CIP)数据

海派. 第 5 辑/陈子善主编. —上海:上海大学出版社, 2024.6. —ISBN 978 – 7 – 5671 – 5004 – 1

Ⅰ. G127.51-53

中国国家版本馆 CIP 数据核字第 2024NG6248 号

海派（第 5 辑）

出版发行	上海大学出版社
地　　址	上海市上大路 99 号
邮政编码	200444
网　　址	www.shupress.cn
发行热线	021 – 66135109
出 版 人	戴骏豪

印　　刷	上海颛辉印刷厂有限公司
经　　销	各地新华书店
开　　本	787mm×960mm　1/16
印　　张	11.75
字　　数	235 千
版　　次	2024 年 7 月第 1 版
印　　次	2024 年 7 月第 1 次
书　　号	ISBN 978 – 7 – 5671 – 5004 – 1/G·3625
定　　价	68.00 元

版权所有　侵权必究

如发现本书有印装质量问题请与印刷厂质量科联系

联系电话: 021 – 57602918

主　编

陈子善

编　委（以姓氏笔画为序）

王金声　汤惟杰　朱　枫　邢建榕　沈飞德
李天纲　林丽成　罗宏才　周立民　邹振环
陆　灏　陈子善　陈思和　陈建华　钱乃荣
黄晓彦　薛理勇

统　　筹　黄晓彦
责任编辑　颜颖颖
整体设计　缪炎栩
技术编辑　金　鑫　钱宇坤

出版支持

上海大学海派文化研究中心

封面说明

《好白相》,唐云作,澹简斋藏

目 录

评 论
张春田　黄艺兰　气味上海：海派作家的气味叙事 / 1

日记与书信
孙戈整理　宋春舫致戈公振书信 / 13

张舒萌整理　傅彦长日记（1936年1—3月）/ 19

郑有慧提供，祝淳翔整理　郑逸梅日记（1954年5—6月）/ 41

孙　莺　新见"陈蝶衣旧体诗五首注" / 66

人物丛谈
龚明德　《萧萧》上的一封巴金书信（外一篇）/ 71

林凤生　忆唐云先生二三事 / 76

沈西城　中词西曲忆凤三——香港海派作家系列之五 / 81

闫好丽　对照记：张爱玲与汪曾祺 / 84

金传胜　曹诚　上海"星期实验小剧场事件"——从郑君里早年的一通佚简说起 / 93

文艺漫话
宋海东　民国沪上的《啼笑因缘》反案小说 / 98

谢其章　海派画报搜求录 / 106

林　枫　狐皮大衣与新式电影——包天笑的电影编剧生涯 / 112

图像志
王金声　"好白相"的海派画家 / 116

钱　晟　在京都寻找钱瘦铁的足迹——从为谷崎润一郎题写的斋名说起 / 122

程小青研究
战玉冰　程小青在《新侦探》杂志上的三个笔名——从三张手稿说起 ／126
孟　亮　程小青生平大事记 ／133

陈映霞研究
陈炳彪口述，黄琼瑶整理　无形的遗产——漫忆祖父陈映霞 ／157
黄琼瑶　师承"上海"的虞山画家陈映霞 ／164

外国人眼中的上海
徐静波　远山景直的《上海》——史上最早专门论述上海的著作 ／174

气味上海:海派作家的气味叙事

张春田　黄艺兰

一般而言,"看到"或是"听到"一座城市是相对容易的,那么在视觉和听觉之外,文学家又是如何"嗅到"一座城市的呢? 民国时期的上海,从创造社时期的张资平、郁达夫,到20世纪30年代的新感觉派作家群,再到40年代的张爱玲,都积累和书写了丰富的嗅觉经验,从而在作品中构建出具有层次性的都市气味景观,打造出一座丰饶动人的"气味之城"。

一、"氛围气":浪荡子的都市漫游与气味景观

20世纪40年代,曾有沪上报人以不无调侃的语气形容过不同城市的不同气味,称弥漫于南京上空不散的是"官僚气",北平的是"穷酸气",上海则散发着挥之不去的"铜臭气"[1]。这当然是玩笑语,但上海作为"魔都",确实散发着与其他城市不同的气味,且这种气味是相当具有刺激性的。感官文化研究者道格拉斯·波蒂厄斯在其嗅觉文化研究中指出,气味与日常生活之间关系密切,并在此意义上提出了"气味景观"(smellscape)这一概念[2]。那么民国时期上海的"气味景观"具体来说又是什么样的呢? 本节将以新感觉派作家群为主要考察对象,通过搜集其小说和漫画作品中混杂性和刺激性兼具的"气味碎片",展现气味是如何以一种细微且隐秘的方式影响现代都市人的日常生活乃至精神世界的。

新感觉派作家群的主要活动地点是半殖民地的东方大都市上海,其都市故事着力于动用视觉、听觉、触觉等多种感官展现电影院、戏院、舞厅、跑马厅、都会大厦等西式娱乐空间,嗅觉亦是其中相当重要的一环。他们描写最多的,或许就是舞场的气味。新感觉派小说家擅长以新印象主义画家"点彩式"的笔法描写舞场的气味,屡屡以刺激性的

---

[1] 格平:《三种气味》,载《大公报(上海)》1946年7月27日第8版。
[2] 道格拉斯·波蒂厄斯著,吉姆·德罗巴尼克编:《气味文化读本》,伯格出版社2006年版,第89-106页。

气味挑逗着都市男女的神经:"酒的味,烟的味,混着女人身上撑出来的味。"③"酒味,香水味,英腿蛋的气味,烟味……独身者坐在角隅里拿黑咖啡刺激着自家儿的神经。"④创造社成员张资平在其长篇小说《红雾》(1930)中描写了一对跳狐步舞的男女,亦"色香味俱全":"他给了她不少的刺激,热烈的气息,有刺激性的香气,胸部的压抑,腰部的抚摩,膝部的抵触。"⑤跑马场则是当时上海另一气味发酵的主要场所。在小说《两个时间的不感症者》中,刘呐鸥通过气味描写来塑造跑马场中紧张刺激的氛围:"尘埃,嘴沫,暗泪和马粪的臭气发散在郁悴的天空里,而跟人们的决意,紧张,失望,落胆,意外,欢喜造成一个饱和状态的氛围气。"⑥卡林内斯库曾在《现代性的五副面孔》一书中提到"颓废欣快症"(euphoria)这一概念,这是资本主义上升期的一种神经官能症,指跳舞、狂欢后的陶醉感,近乎病态、扭曲的快乐心理⑦。小说中这种混合型的郁热臭气显然并不算好闻,但正是这种带有刺激性的"氛围气",为小说中原本总是按部就班、过着庸常生活的男主人公带来了当下强烈的欣快体验。而说到饭店牌楼,就不得不提到穆时英在小说《上海的狐步舞(一个断片)》中,对刘有德坐着华东饭店电梯上楼的场景的描写:

> 二楼:白漆房间,古铜色的雅片香味,麻雀牌,《四郎探母》《长三骂淌白小娼妇》,古龙香水和淫欲味,白衣侍者,娼妓拐客绑票匪,阴谋和诡计,白俄浪人……
>
> 三楼:白漆房间,古铜色的雅片香味,麻雀牌,《四郎探母》《长三骂淌白小娼妇》,古龙香水和淫欲味,白衣侍者,娼妓拐客绑票匪,阴谋和诡计,白俄浪人……
>
> 四楼:白漆房间,古铜色的雅片香味,麻雀牌,《四郎探母》《长三骂淌白小娼妇》,古龙香水和淫欲味,白衣侍者,娼妓拐客绑票匪,阴谋和诡计,白俄浪人……⑧

小说中的叙事视角随着电梯急速上升,然而海拔的提升带来的不是新的变化,反而是高度同质化的重复。从饭店的二楼到三楼再到四楼,都是相似场景的堆叠,使得那种

---

③ 黑婴:《上海的Sonata》,选自黑婴:《帝国的女儿》,上海书店出版社1988年版,第143页。
④ 穆时英:《上海的狐步舞(一个断片)》,载《现代(上海1932)》1932年第2卷第1期,第111-120页。
⑤ 张资平:《红雾》,乐华图书公司1930年版,第50页。
⑥ 刘呐鸥:《两个时间的不感症者》,载《今代妇女》1929年第11期,第8、22、26页。
⑦ [美]马泰·卡林内斯库著,顾爱彬、李瑞华译:《现代性的五副面孔:现代主义、先锋派、颓废、媚俗艺术、后现代主义》,译林出版社2015年版,第186-193页。
⑧ 穆时英:《上海的狐步舞(一个断片)》,载《现代(上海1932)》1932年第2卷第1期,第111-120页。

混杂的氛围气扑面而来,将"白相人"一副奢侈糜烂做派彻底暴露。其中"古铜色的雅片香烟味"之语还将嗅觉和视觉混合,更添感官挑逗性。在这些文章中,海派作家以漫游的姿态活跃在上海新式娱乐空间的各个角落,细细嗅闻其中发酵着的各类气味。此般"嗅觉漫游"为我们打开了一种马赛克式拼贴状的,或者说是印象派式的"点状都市地图",能够容纳各种各样的人群,凸显各自的独特性,并由此构成了独特的嗅觉地景。

除了上述娱乐场所,在当时的咖啡店、西式餐厅和面包房中,汽水、咖啡、巧克力、香烟等"现代食物"散发出丰富的气味,以及碳酸气泡的溢出和轻微的爆破,同样形成了一种现代都会生活的生活风格。禾金小说中的一个片段便展示了当时的咖啡店如何以气味诱发食之本能,刺激市民的消费欲望:"伙食店里的大玻璃门里流出一大批引起食欲亢进的烤咖啡的浓味,发光的广告灯:'新鲜咖啡,当场烤研'。"[9]张爱玲和她的姑姑就是被如此"气味广告"所吸引的食客。20 世纪 50 年代初,张爱玲和她的姑姑张茂渊居住在上海黄河路上的卡尔登公寓,在她的记忆里,每天清晨楼下的起士林饭店里咖啡馆散发出的面包香气浓郁诱人,甚至强烈到如"警报"一般:

> 在上海我们家隔壁就是战时从天津新搬来的起士林咖啡馆,每天黎明制面包,拉起嗅觉的警报,一股喷香的浩然之气破空而来,有长风万里之势,而又是最软性的闹钟,无如闹得不是时候,白吵醒了人,像恼人春色一样使人没奈何。有了这位"芳"邻,实在是一种骚扰。[10]

无论是蛋糕和咖啡的浓郁芬芳,还是汽水上升破裂的碳酸气泡和巧克力微苦的气味,都让这些西式食品比中国的传统食物更能刺激人的味蕾与感官。它们既是海派时髦作家日常所需的生活物质,也成为他们作品中的叙事催化剂。1934 年,叶灵凤刊载于《良友》画报上的一篇小说《朱古律的回忆》以巧克力的香气为叙事线索,将气味叙事与感情推进彼此交织,将一个男子失恋的故事娓娓道来[11]。于是我们看到恋爱的方式似乎已经从五四时期的"谈情说爱"变成了"感官盛宴"。在郭建英那幅名为《现代的味觉》

---

[9] 禾金作,张英超插画:《造形动力学(附图)》,载《小说(上海1934)》1934 年第 9 期,第 1 – 6,32 页。
[10] 张爱玲:《谈吃与画饼充饥》,选自《张爱玲典藏全集》第 9 册,皇冠文化出版有限公司2001 年版,第 108 页。
[11] 叶灵凤:《朱古律的回忆(附图)》,载《良友》1934 年第 85 期,第 16 – 17 页。

的漫画配文中,作者罗列了橡皮糖、柠檬水、鸡尾酒、冰激凌、咖啡厅、阿布生酒、牛排、西瓜子、荷兰水、樱桃等一系列西洋食品,又在画面中着重刻画了一对在咖啡店约会的男女,将柠檬水颇为肉麻地称为"初恋之味"。桌上泼洒流溢的液体,表示气味扩散的放射性线条,以及男士情不自禁发出的"umumum"的呻吟回味声,都表明了气味如何让这对情侣陶醉。

以新感觉派为代表的作家,通过气味书写在小说中构建起了一个令人目眩神迷的花花世界,而"气味奇观"成为搭建这种都市景观的典型感官符号。栖居在都市里的人们渴望闻到越来越多的气味,这使得当时的电影院发生了"嗅觉转向",名为"嗅觉电影"的新品种娱乐方式风靡于上海滩一时[13]。漫画家陈隐涓的一幅插画就描绘了当时嗅觉电影发明以后,影戏院开映战事片投掷毒瓦斯弹时的现象。当时甚至有人发明"电子鼻",期望它能够如同眼镜增强视觉功能一般增强人的嗅觉功能[14]。当时的人们对气味的陶醉可见一斑。

当然,有人对这种气味趋之若鹜、如痴如狂,也有人完全受不了这种气味的刺激,吴老太爷即为一例。在茅盾长篇小说

郭建英绘《现代的味觉》[12]

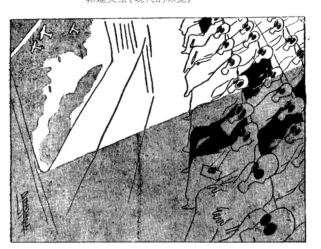

"影戏院开映战事片投掷毒瓦斯弹"漫画[15]

---

[12] 郭建英绘,陈子善编:《摩登上海:三十年代洋场百景》,广西师范大学出版社 2001 年版,第 4 页。
[13] 《再度介绍"有味电影"的试验成功,二十种不同的气味随音轨上散放出来》,载《影迷画报》1940 年第 9 期,第 6 页。
[14] 《扩展五官的感觉:电子鼻:图一、电子鼻子之嗅器官》,载《电世界》1948 年第 3 卷第 3 期,第 32 页。
[15] 陈隐涓绘:《嗅觉电影发明以后影戏院开映战事片投掷毒瓦斯弹时的现象》,载《明星(上海 1933)》,1935 年第 2 卷第 6 期,第 6 页。

《子夜》(1932)的开头,吴老太爷刚上轿车的时候就被芙芳手帕上"直扑"过来的一股浓香弄得十分难受,而汽车愈往上海中心驶去,呈现出的景观愈是驳杂——"机械的骚音,汽车的臭屁,和女人身上的香气,霓虹电管的赤光——一切梦魇似的都市的精怪,毫无怜悯地压到吴老太爷朽弱的心灵上"[16],在视觉、听觉、嗅觉多方面的刺激下,吴老太爷最终突发脑溢血一命呜呼。

二、"嗅觉之春药":作为情欲催化剂的气味书写

与视觉相比,嗅觉其实是更富刺激性的感官。道格拉斯·波蒂厄斯指出,当我们用镜头框出视觉图景时,观察者与物体之间仍然保持着一定的理性距离;而嗅觉则不同,它通过直接把气味吸收进身体深处,从而使得这一感知对象能够渗透到自身体内[17]。无怪乎施蛰存会在散文中指出,寺庙檀香的香气锐利地刺入鼻观,是很容易倾向到"所谓青春的故事和恋爱的情调"的[18]。气味分子因其暧昧的扩散性和渗透性,充当着海派作家笔下男女角色之间情感与欲望的催化剂。

与传统女性相比,民国时期的新女性与摩登女郎不仅在发型服饰等视觉方面呈现出很大新变,在气味方面亦注重利用各种香水、香烟、化妆品等香氛来装扮自己,打造属于她们的"气味名片"。茅盾以《蚀》三部曲为代表的"革命加恋爱"小说中,即有大量片段书写"女人味"对男性情欲方面的刺激。如在小说《幻灭》里,当抱素和微醺的慧女士同坐于法国公园小池边的长椅上时,他闻到了慧女士身上甜香的体味直奔向他的鼻观,使得他立刻有了生理方面的反应[19]。在第二部《动摇》里,方罗兰在孙舞阳的房间里也闻到一种"奇特的香",一番搜索后发现香气来自桌上一个写着"Neolides-H. B."的黄色小方纸盒,里面是装着白色的小粉片的三支玻璃管。孙舞阳不愿告诉方罗兰这散发出异香的粉片到底是什么。通过茅盾的注释,才知道原来是当时的避孕药。这与性有关

---

[16] 茅盾:《子夜》,人民文学出版社2004年版,第12页。
[17] 道格拉斯·波蒂厄斯著,吉姆·德罗巴尼克:《气味文化读本》,伯格出版社2006年版,第91页。
[18] 陈子善、徐如麒编选:《施蛰存七十年文选》,上海文艺出版社1996年版,第10页。
[19] 《茅盾全集(第一卷)》,人民文学出版社1984年版,第27页。

的药物气味也在无意间唤醒了方罗兰的情欲[20]。至于在《追求》中,茅盾则描写了自信活泼的章秋柳发言时,不仅善于用眼神和语调来蛊惑男子,就连"她的每一个微扬衣袂的手势,不但露出肥白的臂弯,并且还叫人依稀嗅到奇甜的肉香",吸引了全会场的男子的目光[21]。由此可见,茅盾小说中的女性对男性的诱惑不仅是身体层面的,更是气味层面的,容易动摇的男性青年总是不自觉地凝视女性肉体,嗅闻其气味,从而不得不陷入心神大乱的境地之中。

香气对于异性情欲的唤醒尚且能够理解,然而,臭味竟然也会令人如痴如醉。在以写性爱小说出名的创造社成员张资平的长篇小说《最后的幸福》(1927)中,姐姐美瑛由于在婚姻中欲望得不到满足,而红杏出墙了妹夫广勋,两人开始私下频繁幽会。每当故事的叙述遇上情欲场景,总是利用五官的感受来强调这种无法控制的欲求。在某次美瑛为前来私会的情人挂外套的时候,竟然如痴如醉地陶醉在情人外套所特有的臭气中:

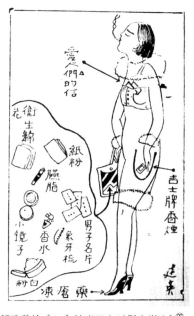

郭建英绘《一个X光下之时髦女学生》[22]

> 他把外套除下来,她忙接过来挂在近房门的衣架上,她禁不住用鼻尖触触他的外套,那件外套还是和在茶亭里的时候一样的发出一种特有的臭气——纸烟、毛织物、中年男子所特有的脂肪臭三种气味混合而成的臭气。在其他的女性闻到这种臭气定要掩鼻而去的,但在美瑛闻到这种臭气,自己的身体就痹麻起来,对她像有种诱惑性。她很不好意思的再把脸凑近这件外套加嗅了几嗅。在她,只认是一种强烈的男性的香气。她久渴望着的也是这种香气。单嗅了这件外套,她已经像喝醉了酒般的。[23]

如此描写与作者蓄意显示女子的性冲动是与生俱来的这一观念相关,却也展示了当时女性欲望所受的压抑和束缚。

---

[20] 《茅盾全集(第一卷)》,人民文学出版社1984年版,第171—174页。
[21] 《茅盾全集(第一卷)》,人民文学出版社1984年版,第356页。
[22] 建英绘:《一个X光下之时髦女学生》,载《中国学生(上海1929)》1929年第1卷第3期,第26页。
[23] 张资平:《最后的幸福》,创造社出版部1927年版,第128页。

无独有偶,在施蛰存的小说《在巴黎大戏院》(1931)中也有一个类似的片段。作者通过气味写一位已婚男子如何对一起看电影的女伴想入非非,更是极尽夸张与变态之能事:

> 哦,好香,这的确是她的香味。这里一定是混合着香水和她的汗的香味。我很想舐舐看,这香气的滋味是怎样的,想必是很有意思的吧?我可以把这手帕从左嘴唇角擦到右嘴唇角,在这手帕经过的时候,我可以把舌头伸出来舐着了。甚至就是吮吸一下也不会被人家发现的。这岂不是很妙?好,电灯一齐熄了,影戏继续了。这时机倒很不错,让我尽量地吮吸一下吧。……这里很咸,这是她的汗的味道吧?……但这里是什么呢,这样地腥辣?……恐怕痰和鼻涕吧?是的,确是痰和鼻涕,怪黏腻的。这真是新发明的美味啊!我舌尖上好像起了一种微妙的麻颤。奇怪,我好像有了抱着她的裸体的感觉了……㉔

与窥视相比,偷闻更加隐蔽,也更显暧昧,易于诱发人们的"非分之想"。小说中的男子不仅通过邻座女子递过来的手帕的气味,幻想她更换内衣的场景,甚至还试图通过深深地嗅闻、舐舐、吮吸手帕上残留的香水、汗水,甚至是痰和鼻涕的味道,来将女子的肉体想象性地纳入自己身体内部。在20世纪早期,源于中国传统戏曲文化观赏方式的影响,电影院多采取男女分座制度。到了30年代,男女不再分座,给了异性彼此接触的机会。故事发生地巴黎大戏院是位于上海霞飞路(今淮海中路)上的一家电影院。黑暗密闭的空间环境削弱了视觉,凸显了气味,十分容易诱发男子的情色狂想。在同时期叶灵凤的小说《落雁》(1928)中,同样描述了一个男子在观看电影《茶花女》时,如何因邻座传来的沁人心脾的幽香,而对紧挨在身旁的美丽女子产生了幻想与期待㉕。

如果说在上述作品中气味仅仅是作为一种无意识的"欲望催化剂"而出现的,那么在另一些作品中,女性则是更加主动的气味利用者。她们精心选择散发何种气味,以施展肉体诱惑,目的是为了操控与玩弄男子。1934年,欧外鸥曾在《妇人画报》上发表过一篇叫作《A诗人嗅觉之春药》的掌篇小说,开篇便指出"嗅觉之于恋爱是不可轻拂之的",因为"某时它有助长爱情的春药一般的价值"。故事说的是某位大诗人A君特别

㉔ 施蛰存:《在巴黎大戏院》,载《小说月报(上海1910)》1931年第22卷第8期,第1009–1015页。
㉕ 叶灵凤:《落雁》,载《现代小说》1928年第2卷第4期,第1–16页。

钟情于气味,他的情妇把握了这一癖好,每每用檀香皂的香味来操控 A 诗人的情感:

> 不必在书简上写上了思慕他的驾临的词句的,没有一个字的书简上而单独的馥郁的吐着檀香味,便会把诗人荒废了他的事业诱至她的闺中来的了。
>
> 于彼妇遇着身体不适对于爱情之事倦勤的时候,则减用檀香以避免诗人的侵犯的;而使诗人的嗅觉的情欲减退一下。
>
> 彼妇是善于投其所好的玩弄有猎犬之鼻的诗人的鼻的呵!
>
> 彼妇是善于注意恋男对己的嗅觉的呵![26]

通过香味的有无,这位情妇不仅能够增加诗人对自己的情欲,也能随时打消他的欲求,简直可以说是随心所欲。更有意思的是,在这篇小说的后半段,这位 A 诗人的妻子也发现了这一嗅觉秘密,便也买来百货商店的檀香肥皂开始使用,如此一来诗人的情欲马上又转移到了她的身上。在这个故事里,作者为我们展示了情妇和妻子这两位聪明的女子是如何利用特定的香气来轮流操控男子,将其玩弄于股掌之间的,由此翻转了传统的两性之间的主被动关系。这个故事可以在郭建英的一幅漫画中找到对应形象:百货大楼香水柜台后的女性导购员目光狡黠挑逗,正如同一位女巫或是塞壬,通过异香扑鼻的"魔药"来控制男性,让其乖乖掏出真金乃至真心。当这些摩登女郎在利用气味做爱情游戏的时候,所涉及的并非只有气味的表象,背后牵涉的更是"个人主体"和"他人客体"两者之间的竞争和协商。《伊索尔德的魔汤:春药的文化史》一书指出,在很多文明中,性欲和嗅觉都是紧密相连的,此乃人类的本性遗传[27]。欧外鸥和郭建英两人若能看到此论,必定深有同感。

郭建英绘《看看而已(某公司所见)》[28]

---

[26] 欧外鸥:《A 诗人嗅觉之春药》,载《妇人画报》1934 年第 24 期,第 8—10 页。
[27] [德]克劳迪娅·米勒-埃贝林、克里斯蒂安·拉齐著,王泰智、沈惠珠译:《伊索尔德的魔汤:春药的文化史》,生活·读书·新知三联书店 2013 年版,第 145—158 页。
[28] 郭建英绘,陈子善编:《摩登上海:三十年代洋场百景》,广西师范大学出版社 2001 年版,第 100 页。

三、"人间味":社会区隔与张爱玲的空间政治

上海的气味景观并非同质性的,而是十分立体、区隔明显的。如果说弥漫在娱乐场所上空的种种气味都是新鲜刺激、魅惑诱人的,那么"霓虹灯外的世界"[29]闻起来又是怎么样的呢? 法国哲学家亨利·列斐伏尔(Henri Lefebvre)提出,不同空间的产生和嗅觉息息相关[30]。英国社会学家约翰·厄里(John Urry)则指出,气味一直都是阶层形成的基础[31]。可见气味与阶级区隔和空间政治息息相关,是区分族群的某种标志。本节即通过分析刘呐鸥的小说《礼仪与卫生》和张爱玲笔下的气味书写,展现都市气味的层次性,以及张爱玲独特的"人间味"观念。

刘呐鸥的小说《礼仪与卫生》(1929)是一篇典型的描写"气味之城"层次性的文章[32]。作者不仅描画了南京路街道的三种空间类型,每一种都有各自不同的气味和感官感受。与此同时,气味还成为空间漫游转换的关键线索与指引,在叙事方面承担着重要的作用。小说中展现的第一种空间是南京路上的写字楼。男主人公启明是在写字楼上班的一位律师,每天都可以闻到办公室里香水胭脂的气味。在一个春日的下午,启明的情欲被充足的暖气唤醒了,因此决定提早下班,乘坐电梯下楼来到南京路上。此处作者展开了第二种空间的刻画,即霞飞路一带。主人公不仅闻到了洋太太身上所携带的花香和青草的清新气味,也嗅到了"低了一等"的斯拉夫女所散发的野味的气息。虽然粗野,却更挑动欲望。在这一处空间内,刘呐鸥正是以不同国家的女性的气味来勾勒阶级、种族和情欲彼此混杂的半殖民地的现实图景。最后,启明来到了离南京路不太远的一条弄堂,这也是小说所要展现的第三种空间:

> 只隔两三条的街路便好像跨过了一个大洋一样风景都变换了。从店铺突出

---

[29] 汉学家卢汉超指出,上海的南京路距离大多数普通人而言,其实是十分遥远的,甚至可以说几乎与他们无关。普通的上海居民既不渴望它,也不厌恶它,只是与之共处同一时空。参见卢汉超著,段炼、吴敏、子羽译:《霓虹灯外:20世纪初日常生活中的上海》,上海古籍出版社2004年版。

[30] [法]亨利·列斐伏尔著,刘怀玉等译:《空间的生产》,商务印书馆2021年版,第237页。

[31] [英]约翰·厄里:《城市生活与感官》,选自汪民安、陈永国、马海良主编:《城市文化读本》,北京大学出版社2008年版,第161—162页。

[32] 刘呐鸥:《礼仪与卫生》,选自《都市风景线》,水沫书店1930年版,第110—111页。

的五花八色的招牌使头上成为危险地带。不曾受过日光的恩惠的店门内又吐出一种令人发冷抖的阴森森的气味。油脂、汗汁和尘埃的混合液由鼻腔直通人们的肺腑。健康是远逃了的。连招买春宫的簇簇的口音都含着弄堂里的阿摩尼亚的奇臭。[33]

"阿摩尼亚"即氨水,是一种难闻且不洁净的气味。如果说殖民者控制之下的城市街区是干净、文明的象征,那么充满氨水味的本土的街区却是肮脏、恶臭的代名词。在这篇小说中,刘呐鸥借助男主人公的鼻子,转换空间,描绘出强烈的空间感的同时,也暗藏着阶级的区分和对不同族群的刻板印象。

城市气味的分层性在张爱玲的小说中同样得到了体现。她不仅关注弥漫在大街小巷这样的公共空间以及家庭住宅这样的私人空间之中的恶臭气味如何塑造了一座城市的嗅觉景象,且吊诡的是,正是作为现代性焦虑之一的臭气带来了安稳感。张爱玲喜欢在文中强调自己对各种气味,尤其是不被他人所喜爱的"怪味"乃至"臭味"的接受程度之高。在散文《道路以目》(1944)中,张爱玲就带有一点小得意地谈到她对多数人不喜欢的"燃烧的气味"的偏爱:

> 寒天清早,人行道上常有人蹲着生小火炉,煽出滚滚的白烟。我喜欢在那个烟里走过。煤炭汽车行门前也有同样的香而暖的呛人的烟雾。多数人不喜欢燃烧的气味——烧焦的炭与火柴、牛奶、布质——但是直截地称它为"煤臭""布毛臭",总未免武断一点。[34]

在同时期的另一篇散文中,张爱玲将气味与颜色并提,认为气味"使这世界显得更真实",且再次强调她喜欢的都是别人不喜欢的气味,如雾的轻微的霉气、雨打湿的灰尘味、葱蒜味、廉价的香水味、牛奶和柴火烧糊了的焦香,甚至故意去闻汽油味,认为它有一种"清刚明亮的气息"[35]。其对于这类"上不了台面"的气味的描述令人惊艳:她以簇崭新、积极奋发、清冷、干净、兴旺等词形容"油漆的气味";火腿咸肉花生油变味后的"油

---

[33] 刘呐鸥:《礼仪与卫生》,选自《都市风景线》,水沫书店1930年版,第113—114页。
[34] 张爱玲:《道路以目》,载《天地》1944年第4期,第10—12页。
[35] 张爱玲:《谈音乐》,载《苦竹》1944年第1期,第10—16页。

哈"气则是烂熟、丰盈的;哪怕是炒菜用的椰子油散发出的肥皂味,也别有一种"寒香"㊱;而飘散在冬日小菜场空气里的那种"清湿的气味",则"如同晾在竹竿上成阵的衣裳"㊲。作者动用嗅觉感受城市道路两旁的各种事物,绘制都市的气味地图,逐一将约定俗成的气味等级再编码、再分配,既凸显其嗅觉体验的私人性和私密性,同时也令人想到她所提出的"参差对照"的美学。而这些文本中由"气味—身体—城市"所构成的体感经验与琐碎叙事,则为我们展现了气味作为城市记忆"体感表面"之可能。

　　张爱玲的气味书写不仅展现了上海这座城市层次丰富的独特嗅景,而且在张爱玲的观念中,城市气味与市民气质更是彼此的一体两面。许子东指出,张爱玲关注"很世俗的小市民生活的气味"的目的乃是在于以此"扮俗",呈现出的是她一贯的以小市民为重心的文学观㊳。此番观点其实可以借用张爱玲自己所常用的一个批评术语来概括,即"人间味"。在谈音乐时,张爱玲用了"人间味"一词来评价中国的通俗音乐㊴;又评《红楼梦》下部后数十回虽然不过是些小户人家的常情,但也"到底较有人间味"㊵。在小说《半生缘》中,有这样令人动容的一幕:"马路上的店家大都已经关了门。对过有一个黄色的大月亮,低低地悬在街头,完全像一盏街灯。今天这月亮特别有人间味。它仿佛是从苍茫的人海中升起来的。"㊶这轮特别有"人间味"的月亮,对应着的是张爱玲的气味书写背后"人""人间"和"人生"这类鲜活生动的关键词。换言之,她的作品既是在写"城",更是在写"人"。比如张爱玲在《太太万岁》中描写的那位"太太",恰恰因为同时复刻、再现了上海的气息("楼下人家炊烟的气味,淡淡的,午梦一般的,微微有一点窒息")与声响("炒菜下锅的沙沙的清而急的流水似的声音"),遂成为这座城市行动着的感官肉身㊷。

㊱　张爱玲:《谈音乐》,载《苦竹》1944 年第 1 期,第 10 – 16 页。
㊲　张爱玲:《中国的日夜》,选自《张爱玲典藏全集》第 8 册,皇冠文化出版有限公司 2001 年版,第 35 页。
㊳　许子东:《许子东细读张爱玲》,北京大学出版社 2020 年版,第 238 – 240 页。
㊴　张爱玲:《谈音乐》,载《苦竹》1944 年第 1 期,第 10 – 16 页。
㊵　张爱玲:《红楼梦魇》,选自《张爱玲典藏全集》第 10 册,皇冠文化出版有限公司 2001 年版,第 339 页。
㊶　张爱玲:《半生缘》,选自《张爱玲典藏全集》第 1 册,皇冠文化出版有限公司 2001 年版,第 157 页。
㊷　张爱玲:《"太太万岁"题记》,载《大公报(上海)》1947 年 12 月 3 日第 9 版。

小结

  上海这座城市的特质与气味的不稳定性、瞬时性和融合性十分吻合。海派作家笔下的每一种气味,都混杂着来自不同阶级、不同种族乃至不同文化传统与生活方式之间的转换、翻译与交集。在此意义上,小说《繁花》中李李的房间则成为这一气味景观的浓缩模型:"古龙水与中国棒香气味混合,产生特别的味道。"[43]而这些中西交混、亦香亦臭的复杂气味又如王安忆在《比邻而居》中所说的那样,虽然有些"杂",但是"泾渭分明,绝不混淆","你来我往,此起彼伏",各个人家就这样"不分彼此,聚集在了一处"[44]。于是,香氛混着粪臭,进口香水掺杂着中药香气,洋场租界的族群政治、异质文化的高度混杂,乃至新旧文化的交叠扭曲,都在"魔都"上海这一所独有的内在嗅景中透露出来,而身处其中的人们则聚合形成一个差异丰富但又相当亲密的气味共同体。

---

[43] 金宇澄著,沈宏非批注:《繁花:批注本》,长江文艺出版社2023年版,第360页。
[44] 王安忆:《比邻而居》,载《当代》2000年第5期。

宋春舫致戈公振书信

孙戈 整理

编者前言

戈公振(1890—1935),江苏东台人,报人、新闻学家。宋春舫(1892—1938),浙江吴兴(今湖州)人,戏剧家、翻译家、藏书家。这批新发现的宋春舫致戈公振信札共七封。宋春舫1922年出任北京政府财政部秘书,从他致戈公振的第七封信中提到此事,应可推断这七封信当作于1922年之前,其时戈公振任职上海《时报》,宋春舫在这些信中不断与戈公振讨论撰稿和计划创办《时报》副刊《彗星》等事。这七封信对研究宋春舫和戈公振的交往以及宋春舫早期的文学活动等,均颇具参考价值。

第一封

公振先生惠鉴:

　　临行赐我多珍,感不可言。弟在津曾小作勾留,三日前始抵都,晚当赴有正书局一晤。狄公《意大利草帽》剧本似太冗长,将来拟刊入《文艺周刊》,至"双十增刊"一节。弟现已译出法文趣剧一种,明后日脱稿后,即由快邮寄奉。都中景状如昨,大学现值补课期内,薪水问题迄未完全解决,将来能否正式开课,颇属疑问。所定欧美杂志不必转京,小春月杪当返沪聆教也。

　　专此即颂

撰祺

弟春舫顿首　廿八灯下

　　能毅兄均此请安

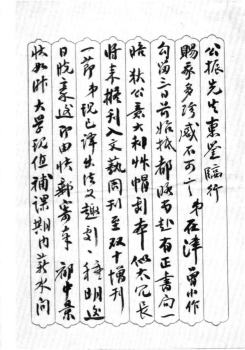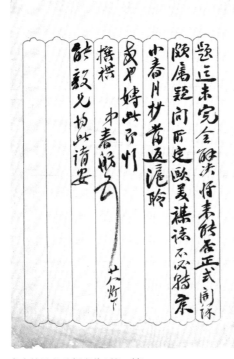

宋春舫致戈公振书信（第一封）

第二封

公振先生有道：

　　承蒙宠招，极感！极感！《文艺增刊》组织计划草率缮就，即祈察阅为荷。

　　　　此颂

撰祺

　　　　　　　　　　　　　弟宋春舫顿首　十二月二日

　　楚青、能毅先生均此致候

　　● **预算表**

（甲）欧美杂志　约廿分，平均每份十元，每年约二百元。

（乙）书籍　每月四十元，每年约五百元。

（丙）稿费 作每期一万五千字计,每约三万字,每千字平均两元,每月约六十元,每年八百元。

（戊）编辑室书记一 负津贴二十元,每年二百四十元。

（巳）印刷纸张文具不在内。

共计每年一千八百元,六个月九百元。

● 《彗星》

（甲）每二星期刊行一次。

（乙）每期一大张共四页,二页为广告。

（丙）试办六个月。

第一期要目：

（一）（来）因哈脱,宋春舫、唐性天。

（二）序欧洲戏曲发达史,宋春舫。

（三）意大利草帽,陈绵。

（四）*Lord Savile's Crime*,王尔德著。

（五）游记,林长民。

（六）匈加利之臭虫,宋春舫。

（七）世界最著名之各种杂志（新著介绍）。

（八）编辑室丛话。

● 宗旨暨特点

（一）提倡戏剧文学。

（二）绍介最新著作,欧美并重。

（三）迻译著作概从原本第二国文文字转译者,不录。

● 组织

（一）编辑。

（二）名誉编辑。

（三）书记。

（四）译员,英俄德法意各一人。

第一页

广告:《彗星》;每期目录;彗星社启;专栏。

第二页

戏曲:(一)编辑室丛话;(二)游记;(三)名著。

第三页

小说:(一)艺术;(二)新著介绍;(三)新著评论。

第四页

广告:(一)来件;(二)转录;(三)小广告栏。

第三封

公振先生史席:

昨聆教言,备极快慰!

兹送奉《光报》关于美育社之记载一条,或可与昨照一同刊入《图画周刊》内也。

又,拙作不日出版,兹拟就告白一条,不识能在贵报封面送登二天否?感感。

弟明日赴杭,年前如能拨冗来杭一游,当扫榻以待。楚青暨能毅先生如晤,乞希代候为祷。

此颂

年祺

宋春舫

上海十二月廿三日

第四封

公振先生大鉴:

连得手书二通,心病未复,台从过京,又值病后不能出门会客,致未克一尽地主之谊,歉何如之。弟大病五十天,以尚未复原,故须再静养六个月,《新文艺》编辑事不能应令矣,歉甚!

复颂

大安

弟春顿首

楚青、能毅二先生均此,十一日

第五封

公振先生大鉴：

顷奉惠示，不胜感激。唐券亦已转交，嘱代谢。《来因哈脱》一文草就寄奉，已由邮单挂号寄沪。《意大利草帽》剧本下月亦可改好，当再邮递。《时报》尚未蒙兄惠，想年关已届，营业部必甚忙碌也。狄先生此次来京交臂失之，殊可憾也。

匆颂

年祺

弟春舫拜启

楚青、能毅诸先生均此道候

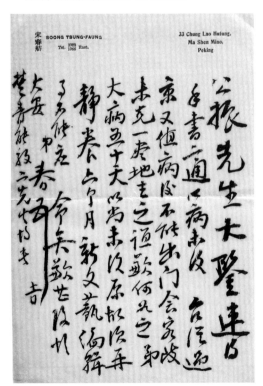

宋春舫致戈公振书信（第四、五封）

第六封

　　介绍函二通,书就奉寄,即祈察参阅后转交。今日来杭,稍憩即当从事著述,惟此事全仗先生指拨。尊处如有佳稿,乞为搜罗,至感!《时报》能嘱收发处直接寄杭否?盼甚!盼甚!
　　复颂
公振先生大绥

弟春舫拜启

第七封

公振先生大鉴:
　　别来兼旬,怀思弥切。弟抵京后忽被任命为财部秘书,值此时局艰难,不得不存五日京兆之心,而《时报》之附庸《彗星》,暂时又不能如愿出版矣,欿然。弟现有关于戏曲文字一篇,约三万字,阴历新年《时报》如需特别增刊,不妨一用。惟此稿原来材料为一大学高材生唐性天君所搜集,似宜略为酬劳,弟意拟给彼有正书券十五元,不识尊意如何?如合意即请掷下。再,京地有正书局,弟拟不时往购书籍,请先生专函通知,至为感荷。再以后贵报请直寄京中敝寓为荷。
　　专此即颂
大绥

春舫拜启　正月七日

　　楚青、能毅先生均此

傅彦长日记(1936年1—3月)

张舒萌 整理

编者前言

　　傅彦长(1891—1962?),湖南宁乡人,作家、西洋艺术史和音乐史研究家。他1927年至1933年在上海的日记(中有间断),曾由《海派》丛刊已故主编张伟先生整理,在《现代中文学刊》2016年第1期至2020年第1期连载,引起中国现代文学研究界尤其是海派文学研究界的关注。现在再发表张舒萌先生整理的傅彦长1936年的日记,使现存傅彦长20世纪30年代的日记完璧,也是对张伟先生的一个纪念。

1月1日　雨

　　午后自家外出,到新雅。

　　以后又到大马路新雅,遇李宝泉。

　　晚与张若谷、费志仁之请宴,列席者,张老太太、费老太爷、费老太太、郎静山、徐蔚南、朱应鹏、费伯惠。

　　十一时以前,回至家中。

　　观念论所完成的,只是"心为形役"的工作而已。

　　"心为形役"之"役",乃服务也。

　　挑柴卖,买柴烧。

1月2日　晴

　　李宝泉来,请往新雅午餐。

　　傍晚在南京影戏院门口,遇王敬斋,赠戏票一张,乃入内一看。访叶秋原,未遇。

　　九时以前,回至家中。

　　收到邮寄《地学杂志》一本。

　　申屠瑾来信。

巴库有一火(神)寺,为拜火教徒的圣地(见 Tulor 人类学卷二、三十五页及一〇一页)。

俞正燮为董诰所扼,不得进士。(右,第二行,倒数第四字,"王"字为"费"字之误①)

1月3日　晴

午后外出,到安乐园小坐。

程尚林来贺年片。

收到邮寄《人生杂志》一本。

傍晚,回至家中。

访叶秋原,未遇。

俞正燮曰,《公羊传》者,汉人所致用(通经致用,乃西汉今文之学)。所谓汉家自有法度(乃宣帝之言,宣帝好《穀梁》),奈何言王道,《公羊》集酷吏佞臣之言,谓之经义,汉人便之,谓之通经致用。又曰,《左氏传》(此字衍),万世之书也。《公羊传》,汉儒(此字上,夺一"廷"字)臣通经致用干禄之书也。何休所说,汉末公府掾致用干禄之书也。

1月4日　晴

阅《俄国现代思潮及文学》,许亦非译,毕。

收到邮寄《十日杂志》一本。

午后外出,访叶秋原,同往安乐园,遇黄苗子。

又到光陆,看重看的电影。

晚餐在海军青年会吃。

九时以后,回到家中。

sapiens(知人)omnia(一切)secwm(同自)fent(任)。

1月5日　阴

午餐在安乐园吃,李宝泉、叶秋原同吃。

---

① 即"遇费敬斋"——编者注。

到德邻公寓小坐，遇孙师鸣。

又到大中华吃浜格与珈琲，李同往。

傍晚，回至家中。

1月6日　阴

买书一册，小报二张。

在天天酒家吃早茶。

午餐在新雅吃，勤、明两妹同吃。

访叶秋原，未遇。

到时代公司，遇熟人甚多。

到大上海，以及在海军青年会晚餐。收到邮寄《大上海》一本，又沈云鹤来信一件。

途遇冼星海、赵家璧、钱素君。九时以后，回至家中。

1月7日　雨

寄信与沈云鹤。

张星烺来贺年片。

午后到新雅、安乐园、融光。

与叶秋原、孙师鸣一同晚餐，叶背十字架。遇马国亮。

回家以前，曾在大中华吃珈琲一杯。九时以前到家。

1月8日　晴

李宝泉来，同往新雅午餐。

访叶秋原，未遇。

到光陆、海青。

九时以后，回至家中。

收到邮寄《粤风》一本。

1月9日　晴

到新雅,遇姚苏凤、黑婴、曹礼吾。(广法也德六〇一弄十三号)持志、威利、上海西茶社,八时以后,回至家中。

1月10日　雨

晨,天天酒家;午,新雅。

到持志。又到国华银行。

买六七六五七航空奖券一条。

钱九威来信,广州东山三育路佩庐。

寄报与九威。到大光明,遇梁白波。

晚餐在海青吃。

九时以后,回至家中。

1月11日　雨

到新雅,李宝泉同往。

遇叶浅予。

又到大上海、海青。

九时以后,回至家中。

1月12日　阴

收到邮寄《人言周刊》一本。

访朱贞白、湘渔、俞寄凡,在新雅午餐,在途中遇陶晶孙、申屠瑾。

午后四时以前,回至家中。

1月13日　雨

到新雅两次,先后共饮茶两壶,点心十三件。下午在大中华吃珈琲与浜格。晚餐在家中吃,计羊肉一小块,鸭两块,白饭一碗。访张一峰。到持志。

1月14日　雨

　　午后外出,到怡顺昌、万国储蓄会、安乐园、融光。傍晚回家,绛哥、林微音来。买书两册。付微音五元。

1月15日　晴

　　午后外出,到新雅、海青,绛哥同往。九时以后,回家。
　　收到邮寄《音乐教育》一本。
　　又市通志馆信一件。
　　今日身体甚不舒服。

1月16日　晴

　　绛哥、李宝泉、沈世泳来。
　　到融光、海青。
　　九时以后,回至家中。

1月17日　晴、冰

　　到新雅,绛哥同往。
　　又到上西。
　　八时以后,回至家中。
　　李华卿,复九威来信。
　　寄信与市通志馆。
　　颈痛。

1月18日　晴、冰

　　到北站,送绛哥上车。

又到瞿直甫医院,探霄妹之病。

在天天酒家吃早茶。

访孙师鸣,赠予《自由评论》一册。

买《自由评论》两册。

到安乐园。傍晚回至家中。

1月19日　晴

午后,自家外出,买书两本。

与曹君至新雅。

寄信与黄震遐、钱九威。

晚餐在海军青年会吃。

九时以前,回至家中。

大腿酸痛,阅书至深夜。

1月20日　晴

收到《人言周刊》一本。宜妹来信。

午后外出,遇李宝泉、梁锡鸿。

到大中华、安乐园、新雅。

九时以后,回至家中。

头右角痛,喉痛。

1月21日　晴

福州道山路八〇号。

南方文艺月刊社寄公函(由周多、苏灵等出面)来。

寄信与宜妹。

张若谷来。

午后外出,访曹礼吾、李青崖。

六时余到拉波希姆,应若谷之请宴,朱应鹏、费小姐同席。

偕若谷步行,至城隍庙左近分手,深夜回家。

1月22日　晴

阅《高龙芭》,戴望舒译,毕(本篇后半为《珈尔曼》,则已于十九日深夜一口气看完矣)。邮寄《十日杂志》一本又收到了。

傍晚外出,在上西吃浜格、珈琲各一。七时余回至家中。

1月23日　雨

李宝泉来。

傍晚至安乐园略坐。

七时余回至家中。

深夜吃东西,久未如此矣。

1月24日　雨、晴

阅《三四郎》,崔万秋译,毕。

一天在家中。牙肿。

1月25日　阴

一天在家中。

1月26日　晴

南社纪念会来信,复。

午后外出,途遇梁锡鸿、李宝泉,同往大中华,以后又一同步行久之。

晚餐前回至家中。

梁赠予《新美术》一本。

1月27日　晴

朱应鹏来信，复。

午后到新雅吃茶点，黑婴请，遇张资平、林微音等。

晚餐前回至家中。

1月28日　晴

午后外出，到新雅吃茶点。

途遇萧友梅、赵家璧、李华卿。

买书二本。

黄昏时，回至家中。

阅《壁下译丛》，鲁迅译，毕。

晚，张若谷来。

1月29日　晴

午后外出，到新雅吃茶点。

黄震遐、汪长锐（金神父路群贤别墅一号）、张若谷来信。

黄昏时，回至家中。

1月30日　晴

午前九时到新雅，与李华卿一同吃茶点。午餐在家中吃。

买书一本。

傍晚又外出，晚餐前回至家中。

阅《田园之忧郁》，田汉译，毕。

1月31日　晴

午后外出，到新雅吃茶点。

途遇黑婴、姚宝贤。

买书一本,《自由评论》一本,小报一张。黄昏时,回至家中。

2月1日　雨

午前外出,连一接二的吃了可可牛乳、珈琲、浜格。中饭回家吃。黄昏时到新雅,九时以前回至家中。买杂志二本。

晚十一时以前,持志学院寄聘书来。

2月2日　晴

晨,自家外出,吃浜格与珈琲。

到新雅,遇朱维基与蔡其恕。

访孙师鸣,以后又到新雅,遇巴金。

九时以前,回至家中。

午餐在海军青年会吃。

2月3日　晴

鼻肿。午后自家外出,买书三册,途遇黄天始。到新雅。

晚餐前回至家中。

阅《柴门霍甫传》,杨景梅译,毕。

2月4日　晴

腹泻。张若谷来信。

到新雅、海青,李宝泉同往。

傍晚回至家中。

收到邮寄杂志三本。

开明书店来信。

2月5日　雨

阅田汉《神与人之间》，毕。

午后到雅，微音同座。又在海青小坐。

九时多，回家。

2月6日　阴

到雅、海青、大上海（《罪与罚》）。

买书二。买航空券一条。作文——索居。

九时前回家。撕一元币一张。

2月7日　雪

午后自家外出，到安乐园、南京等处，八时以后回家。

寄信与张若谷。

2月8日　阴

到大中华、新雅、安乐园。

访鲁少飞、张大任。

遇周乐山、巴金。

与李宝仙散步谈天。（右一行，"仙"字为"泉"字之误②）

张老太太来。

正风文学院来信。

晚，九时余回至家中。

右眼红了。

2月9日　晴

到新雅两次，午餐毛东生请，访徐蔚南夫人。到兰心听音乐会，指挥者近卫子爵，遇

---

② 即"与李宝泉散步谈天"——编者注。

冼星海等。晚餐在海军青年会吃，十时以前回至家中。

　　买书两册。

2 月 10 日　晴

　　阅高尔基《忏悔》，何妨译，毕。

　　午后到安乐园。

　　晚餐在海青吃，勤、明两妹同吃。

　　九时以前回至家中。

　　王西神等来信。

2 月 11 日　晴

　　午后外出，到新雅、大中华、光陆、海军青年会。九时以前回至家中。遇周大融。正风文学院来信。

2 月 12 日　晴

　　张若谷寄《朝报》一张来。

　　开明书店寄《新少年》一册来。

　　午后外出，到大马路新雅，勤、明两妹同吃。晚餐在水上饭店吃。

　　九时以前回至家中。

2 月 13 日　晴

　　午前外出，到大中华等地，勤妹同往。以后偕李宝泉至新雅吃茶点。黄昏时到安乐园。访张一峰。买书三册。晚餐，正风文学院请。十时以后回至家中。

　　持志学院来信一件。

2 月 14 日　晴

　　晨，送明妹上船。到新雅、大中华、新华银行（全部没收，共八六九分）、大上海、大马路新雅,访鲁少飞,海军青年会。

黄昏时,送勤、容两妹至二洋泾桥。

晚,九时以后回至家中。

又用去六十九分。

收到邮寄《南洋友声》一本。

2月15日 晴

姚宝贤来信。到新雅、国泰、海军青年会。

买书六本。

收到《十日杂志》一本。

九时以前,回至家中。

2月16日 雨

阅罗素之《婚姻与道德》,李惟远译,毕。收到《人言》二本。

午后外出,到新雅,听第十九次音乐会,遇陈歌辛。晚餐在海青吃。

九时余,偕勤妹回至家中。

近卫子爵指挥。

2月17日 阴

到正风,不是上课。新雅、光陆、海军青年会。访张一峰。

陆友白来信。

钱九威自粤寄《宇宙》两本来。午后五时,到大中华饮珈琲一杯。

九时以前,回至家中。

2月18日 阴

到新雅两次,午餐与姚宝贤同吃。

叶秋原请往国泰,周大融同去。

黄昏时,回至家中。到持志。

晚餐在张若谷家吃,遇徐蔚南等。十时以后回家。

2月19日　雨

到正风、新雅、大中华。

午后回至家中。

动笔校阅《索格提亚那》。

2月20日　阴

到桥香、正风、新雅。

到今日为止,本月已用去四十九元,什么都没有了。午后回至家中。

2月21日　阴

晨在某粥店吃粥一碗,豆一小盆,计铜元十枚。到持志、新雅。买书两册。钱九威寄《宇宙》三本来。午后回至家中。

阅《田园交响乐》,丽尼译,毕。

2月22日　雨

午前在尚文路食汤包十件,铜元廿二枚。

午餐在家中吃。

2月23日　阴

午前外出,吃大肉面一碗,铜元二十八枚。收到《人言》一本。

在家午餐后,又外出,到新雅吃茶点。正风来信。

访叶秋原不遇。

晚餐前回至家中。

2月24日　阴

钱九威来信。买书六册。

到棋盘街冠生园、新雅。

午后回至家中。

汪馥泉来信。

("心为形役"之"形",乃观念也,形式也。)

2月25日　雪

到桥香、持志、新雅,午后回至家中。买书二册。

晚与汪馥泉、胡憨珠、屠仰慈之请宴,遇谢六逸、陈子展、曹聚仁、王鲁彦、宋云彬、戴望舒、赵景深等,九时余回家。

2月26日　晴

到正风、新雅。买书一册。

午后回至家中。

谢六逸来信。复文章一篇。

张若谷、费志仁来信。

在家晚餐后,到西门暹罗西菜社,吃浜格一枚,大洋一角也。

2月27日　阴

到新雅、正风、安乐园、大光明(听夏理亚宾)。

遇叶秋原。买书两册。

午后回家,又外出,遇周大融,再一同到新雅进晚餐。

深夜一时以前,偕勤妹回至家中。

2月28日　阴

到桥香、新雅、持志。买书一册。

午后回至家中。

2月29日　晴、冰

到上海西菜社、新雅、安乐园。

收到《音乐教育》一本。

买书两册。午后回家。

访叶秋原,遇李宝泉。

黄昏又外出,九时以前,回至家中。

3月1日　晴

费鸿年来,同往新雅、内山书店,遇陶晶孙。以后一人至光陆、安乐园、上海西菜社。九时以前,回至家中。

3月2日　阴

到棋盘街冠生园、新雅。

买书两本。

午后回至家中。

3月3日　晴

到桥香、持志、国华银行、新雅(姚宝贤同吃),午后回至家中。

收到《人言》一本。

3月4日　晴

晨,自小南门乘第一部公共汽车到新北门,在纽约珈琲吃浜格与珈琲,不佳,到正风、新雅。午餐在家中吃。

傍晚正风来信件。

校阅《索格提亚那》毕。

3月5日　晴

到新雅、正风各两次,第二次至正风为添写"或来人"三字于支票上,计用去车费铜元八十一枚。又到界路上海银行、上海西菜社、国泰(重看一次)、海军青年会等处。十时以前回家。

收到报报两份、《瑰玱》诗刊。

宜妹来信。

遇卢冀野、周予同、方光焘、朱应鹏。

3月6日　晴

到桥香、持志、新雅。

午后回至家中。

以及又到安乐园、虹口、海军青年会,九时以前回家。遇李熙谋。收到《人生画报》一本。买书一本。

3月7日　晴

午前外出,到奇美、内山书店,午餐在家中吃。午后出外到新雅等处访友,遇周大融等熟人甚多。

晚餐在海军青年会吃。

买书一本。九时以后,回至家中。

3月8日　晴

到新雅,遇林微音等。

寄信与宜妹。买书一册。

收《人言》一本。晚餐在上海西菜社吃。九时以前回至家中。

3月9日　晴

钱九威来信。午前到新雅。

午餐在家中吃。陪父亲去看牙。

到大上海,遇巴金、王敦庆。

晚餐在海军青年会吃。

买书一本。十时以前,回家。

3月10日　晴

到桥香、新雅、芭蕉、持志。

晚餐在大马路新雅吃,钱九威同席。钱寓德邻二百三十二号,钱赠予书两本。

买书一本。遇穆时英、刘呐鸥等。卢梦殊来信。

八时余,回至家中。

3月11日　晴

到正风、新雅、光陆。

晚餐前,回至家中。

前二代,并当代为三王。

大传,舜乃称王。

古时,五帝三王,并无一定。

春秋之中,亡国五十二。

柳宗元驳杜预之说。

陆淳《春秋纂例》驳杜预之说。

唐时学校,抑孔子为先师。

唐时,孔子地位,不及周公。

唐时学校,尊周公为先圣。

自杜预后,乃有周公之《春秋》,及孔子之《春秋》两说。

民。

九皇。

五帝。

三王(封前二代之子孙)。

3月12日　雨

寄信与卢梦殊。

到立报馆、新雅、融光、上海西菜社,约人星期六午后一点钟。九时以前,回至家中。

自孟子至西汉,皆云孔子作《春秋》。

瞎想与白说(黑夜与光天也)。

《公羊》,昭十三年,五经而死。

自经,见《论语·宪问》。

自经不可作明正曲刑解。

自经与自传之别,自经者过去了的自说自话也;自传者,尚未前的自说自话也。(右一行,"前"字下,夺一"来"字③)

3月13日　阴

到桥香、持志、新雅。

买书两册。

午后回至家中。

又外出,到丽都、海军青年会。

九时以后,回至家中。

晋侯问师旷曰:"卫人出其君,不亦甚乎?"对曰:"或者其君实甚。"又曰:"天之爱民甚矣,岂其使一人肆于民上,以纵其淫,而弃天地之性,必不然矣。"

史墨谓,赵简子曰,社稷无常奉,君臣无常位。

晋侯师旷问对,见襄十四年。

史墨之言,见昭三十二年。

---

③　即"尚未前来的自说自话也"——编者注。

3月14日　晴

到奇美、新雅、融光（看重复的节目）、海军青年会，遇曾德芳、钱君匋等。九时以前回至家中。

买书六本。

唐大中时，工部尚书陈商，立春秋左传学议（载令狐澄《大中遗事》、孙光宪《北梦琐言》）以孔子修经，法家之流也；左丘明，盖太史氏之流也。

《公羊》之义：（一）大一统，（二）立子以贵不以长，（三）子以母贵，（四）王者不娶于小国，（五）子尊不加于父母，（六）不称母，（七）开义路，闭利门。（下略）

3月15日　风

到新雅、安乐园、莱星、再生时代，晚十时以前，偕勤、容两妹，回至家中。到周继善家，周赠予自著之书一册。今日音乐全部是黎资德的作品。

苏轼《春秋列国图说》曰，春秋之国，见于经传者，总一百二十四国。

晋王接谓左氏自是一家书，不主为经发。

王接曰，公羊于文为俭，通经为长。

经止哀十六年，传则终于二十七年。

3月16日　风

午前，一人外出。到新雅、安乐园，勤妹同去。以后予一人至四马路，买书五本。回家后又外出，到大马路新雅，遇费敬斋、周寒梅等熟人甚多。晚餐在海军青年会吃。九时以前回至家中。

黄昏后下雨。

太炎攘夷而不尊王。

长素尊王而不攘夷。

刘裕灭后秦，得一老人，亲见苻秦之事，云苻生并不好杀，足见史书之诬。

3月17日　雨

到桥香、持志、新雅。午后在家小睡。丽都、沙利文，九时以后，回至家中。

3 月 18 日　阴

到正风、新雅、南京、海军青年会,九时以后,回至家中。

3 月 19 日　雨

到桥香、正风、新雅、光陆、海青。

遇郎静山、黄天始等。

买书一本。收到《粤风》一本。

晚,九时以后,回至家中。

"三十三年,晴。星期日。

一茶,三件,报(一),五三。

雅,微音,八十元。"

3 月 20 日　阴

到桥香、持志、新雅。

午后回至家中。

宜妹、李华卿来信。

牛込区、马场下町五七番地光阳馆。买书一本。

阅罗素《怀疑论集》,严既澄译,毕。

3 月 21 日　晴

姚宝贤来,同往大中华、新雅、海军青年会等处,黄昏回至家中。

李宝泉来信。复。

南京城内仓巷六十五号第二进。

午后二时半光景,身手大颤抖。

晚膳后,外出寄信。

3 月 22 日　晴

　　午前至奇美吃霍德开克与珈琲。在家午餐后,陪父亲去看牙齿。到莱星听第二十四次音乐会,节目中有勃鲁克那之《第七首交响曲》等,指挥者为 Klaus Pringsheim 教授。晚餐在沙利文西店吃,九时余回至家中。

　　到本日为止,本月已用去切实山又半也。

3 月 23 日　晴

　　午前外出,买书两册,又在上西吃珈琲与浜格,午餐在家中吃。钱九威寄《宇宙》四本来。香港信箱一四二四号。

　　到南京、安乐园,九时余回家。

3 月 24 日　晴

　　到桥香、持志、新雅(姚宝贤同吃)。张若谷来,未遇。

　　午后回至家中。

3 月 25 日　晴

　　到正风、新雅,午后回至家中。

　　契、偰、卨,皆音息,佐舜(此字衍)禹治水有功,封于商,为商之祖。

3 月 26 日　晴

　　到桥香、正风、新雅,午后回家。

　　钱九威来信。

3 月 27 日　晴

　　到桥香、新雅、持志,午后回至家中。

3月28日　阴

午前外出,买回球香宾票一张,大中华、新雅。在家午餐后,又到莱星(听 Loleridge Taylor 之 *diauratha*)、国泰、安乐园,九时后回到家中。指挥者斯鲁支基。

3月29日　晴

午后外出,访张若谷。

以莱星,听第二十五次音乐会。指挥者普林士赫惠姆教授,节目中有格拉索诺夫之《斯旦加拉辛》等。晚餐在家中吃。

3月30日　晴

午前外出,到新雅、安乐园,午后三时以前回至家中。小弟生日。持志来快信。

3月31日　晴

午前外出,到桥香,买书一本,小报一张。

午餐在家中吃。持志来信。

阅《处世哲学》,杜亚泉述,毕。

郑逸梅日记（1954年5—6月）

郑有慧 提供　祝淳翔 整理

5月1日　晴　更暖

　　今日劳动节放假一天，起身较迟。

　　庄通百来信，今日下午二时在淮海中路野味香聚吃点心，十五日下午在襄阳南路永嘉路口乔家栅，希予参加一叙。

　　访韩非木，观彼所制水石盆景，且填有《如梦令》一阕，谈及吕伯攸之夫人已故世，金兆梓现居吴中顾颉刚家，朱文叔夫人亦故世，则皆中华书局旧人也。

　　曩年录先师半兰旧庐文未竟，乃续录之。

　　肖鸿来，出示彼与子鹤在梁溪鼋头渚所摄之照片，即在予家晚饭。

　　朱石轩来，观予扇头及尺牍，亦在予家晚饭，赠彼廉南湖、袁寒云、孙师郑三札。

2日　晴　甚暖

　　今日星期。

　　饭后赴秋马处，赠彼施崇礼札，彼以金德鉴札见贻。彼所贮尺牍悉订成册子，每册附一目录，盖效予为之也。稍坐即同车访王凤琦，蒙出示新裱之尺牍一百数十帧，如顾光旭、徐乾学、郑燮、黄道周、王觉斯、文徵明、王守仁、伊秉绶、奚铁生、王蓬心、梅植之、文嘉、杨廷枢、恽南田、郭频伽、袁子才、董其昌、曹寅、阮元、翁方纲等，均甚精好。又北宋蔡林一札（蔡京之弟），无款，而有项子京等藏家印章累累满边缘，且有题识，闻凤琦以一百廿万元购得者，亦云昂矣。又出示石涛山水幅一长题，则以八十万元购得。又绿端琢成之蟹形砚，甚工细。予赠以张曜札，彼赠予张石园、方介堪、张谷年札，又以曹寅札拟易予文徵明诗笺，予携归，文笺下星期日送去。

　　又偕秋马至古玩市场观尺牍，有范当世、吴汝伦、桂中行、如山等札，予皆有，未之购也。

灯下备课。

3日 晴 暖

上下午三课,又批阅作文。

巢章甫寄来方地山、钱基博、李小石、陈宦俊、瞿思、项士元、侯运昌、袁安、叶中玲、陈含光等杂札。

录半兰旧庐文成一册,即邮赠章甫。

灯下备课。

4日 晴 暖

上午只一课,批阅时事测验卷。

同事张麟书以家藏仇十洲人物、周东村山水卷、董香光书《闲情赋》,托予鉴别。

下午青年节放假半天。

饭后访李亚伯,以前购《清代学者象传》,余款五万元付之,彼以姜立人翎毛、郑海藏书幅托予出让。

访吴湖帆,壁间悬沈西庄《秋林观瀑图》中堂,的是逸品。予以麟书之件示之,湖帆断二画悉赝鼎,香光书为真品,惜残损不堪。上有钱牧斋藏章。湖帆之《佞宋词痕》方由装订作送到,即蒙见赠精装本一册,共印四百本,计一千二百万元。

于静安寺路旧书铺购《块肉余生述》一部四册,八千元。此书为林译之佳构,予未寓目。

备课。

夏石庵来书,以吟秋札见还。

5日 雨 较寒

雨衣适洗涤,乃冒雨赴校。

上午三课,下午语文小组开会,又一昨下午放假,乃补学总路线,六时始毕。甚矣,其怠。

二画及董书均退还张麟书。

巢章甫又邮来张伯驹、刘湝年、薛淑因、朱樾园、路金坡、谭祖任等尺牍。

灯下备课。

钱士青邮来《吴越纪事诗》,附油印《保俶塔藏钱氏家乘记》。

高肖鸿来予家。

6日　雨　较寒

今日立夏,啖蚕豆、咸蛋。

上下午三课,课后又补学一小时,阅《人民日报》社论三大篇,又批阅作文。

覆章父书。

备课。

7日　晴　较寒

上午三课,授《进军西藏日记》。

下午批阅作文及笔记本,四时赴长寿路小学听总路线第二单元启发报告,六时毕。

芝岩来谈。

灯下备课。

领半个月薪金六十六万元。

覆夏石庵书,附黄德邻札,托石庵转交。

致宗履谷书,倩绘花卉便面,拟送石庵。

8日　微雨　暖

上午听周会报告,又授二课,又批阅作文。

下午赴公费治疗处取松节油,又听自觉纪律传达报告。

邓秋马来信,约于明日赴王凤琦处观古画,予即覆之,明日予直接赴王处,不再迂道。

购《历史教学》五月份一册,二千八百元。

覆邓信,附赠陈含光诗笺。

灯下翻检杂书,目倦即睡。

近日子鹤工作加夜班,归家甚迟。

9日 晴 暖

今日星期,起身较迟,洗瓶盎及雨花石子。

腰酸仍未愈。

备课,参考《甘肃藏边区考察记》,有一则云:"挤牛乳不下时,藏妇每以口吹牛阴户,谓吹则乳头涨流,不以为秽。"沪人谓夸言为吹牛□,今则名符其实之吹牛□矣,可发一笑。

徐碧波来谈。

饭后赴王凤琦处,邓秋马亦来会,观尺牍甚多,如吴彦复、顾尔雅、王梦楼、张船山、梁山舟、董其昌、彭慰高、顾若波、瞿子冶、叶廷琯、金德舆、马新贻、曾国藩、曾纪泽、彭玉麐、许景澄、徐用仪、张叔未、刘石庵、王韬、吴荣光、狄音、石渠、姚元之、余诚格、唐文治、廉南湖、康有为、郑大鹤、高邕之、张祖翼等,又宋拓《黄庭经》及《云麾碑》,有董香光、张叔未、崇恩、毛意香等题跋。予赠彼文徵明诗笺,瞿良士、刘湜年、李葆恂、储南强尺牍,彼以王守仁、瞿子冶、吴彦复、张叔未、叶廷琯札,拟易予之王守仁(予之王札较良)、袁爽秋、宋守一、沈葆桢。予许以下星期日携往,彼之尺牍由予先带归,蒙见饷八宝饭。垂暝握别。

灯下再备课。

10日 晴 暖

上下午三课,又批阅作文。

章父来信,附寄黄钰、钱恩荣札,彼托购《散原精舍文集》。又其友爱予作品,欲以近贤手札易予笔记单行本。

借阅《鲁迅小说里的人物》,为鲁迅研究资料之二,周寿遐所作。寿遐,作人之化名也。

寿梅代集贤邨王家请碧波寡嫂任家庭补习教师。

灯下备课。

11日　晴　暖

上下午三课,又批阅作文及笔记本。

课后阅读总路线文件二小时。

章甫又邮来不知名之诗页一束。

灯下备课。

王传枚来谈。

12日　雨　暖

上午三课,下午语文组学习。

章父邮来其外姑汪太夫人之《孟淑剩稿》小册。

予早进晚饭,集体观《鞍钢在建设中》电影于新华大戏院,顺便一访张仲友。

高肖鸿来予家。

灯下备课,睡眠较迟。

13日　晴　午时雨　暖

上下午四课,又批阅作文。

致王凤琦书。

宗履谷寄来画扇,作樱桃,颇有南沙意致,一面且作隶书。

理发、沐浴,为之一爽。

备课。

14日　雨　闷热

《孟淑剩稿》散叶合订之,即以一册赠方冲之。

上午三课,下午批阅作文又总路线学习,六时始返。

下午转寒,气候亦随之晴朗。

笔又秃,购"双料奏本"一枝,二千七百元。

晚上万若曾来谈。

灯下备课。

15日　阴　较凉

邮贻区澂芬《孟淑剩稿》二小册。

邮贻彭谷声《孟淑剩稿》及《吴越纪事诗》各一册。

上午参加周会,又授二课,午后听校长学生自觉纪律总结报告。

访陈葆藩于仪萱阁,彼病足已能小步,蒙以馒首见饷,又贻予唐醉石、高野侯、来楚生三联,均草款,殊可铭感。

晚饭后华吟水来访谈,借朱枫隐之《爱晚轩诗钞》去。微雨。

16日　阴　较凉

今日星期,起身较迟。

上午备课。

饭后探丁小曾病足。

访王凤琦,不意凤琦临时开会外出未值。予即以王阳明、袁爽秋、沈葆桢、宋守一四札,交其家人转致。

进城探弟,亦皆外出,只留浩奋在家,即与浩奋谈家常,坐约一小时即辞出。

赴河南路荣宝斋观书画展览会,有陈半丁所绘天竹,萧疏有致,价昂未购。

往朵云轩配扇骨,一旧年金雪塍所书、丁筠碧所绘者,一宗履谷所绘之樱桃扇,预备赠夏石庵者,计七千元。

途晤陆丹林,云新华古籍部有《文苑谈往》一书,甚佳。予即往购之,杨世骥作,只二千元。又代章甫购《散原精舍文集》,已罄,不能购得。

金铭之来访,未值。

电灯忽坏,招匠来修。

灯下再备课。

17日　晴　较暖

上下午三课,以学生不重视语文,订语文公约。批阅作文。

灯下备课。

夜雨。

18日　雨　较暖

上下午三课,又批阅作文。以伏案时多,头颈酸疼,以松节油擦之。

课后学习总路线二小时。

章父寄来金息侯、吴眉孙、许以栗、陈苍虬、章一山诸札,惜予皆有。

灯下备课。

子鹤今日休假,赴肖鸿处吃晚饭。

19日　雨　暖

今日起子鹤办公时间提早,予亦随之起身较早半小时许。

上午三课,又批阅作文。下午小组讨论班级学生纪律,又举行大扫除。甚感疲劳。

备课。

倚枕阅王西神《墨林一枝》。

20日　雨　较凉

晨赴学校,大雨倾盆,裤履尽湿。诸同事及诸学生均如此,因此上二课后,校方准许返家换衣。下午补课,共四课。

润弟来信。

午后雨霁。

肖鸿来予家,留之晚饭。

灯下备课。

夜半又雨。

21 日　雨

上午授一课又作文二课,又批阅作文及笔记本。下午赴长寿路小学听总路线第三单元启发报告,讲者累赘噜苏,为之昏昏欲睡,返家已七时矣。

芮鸿初来信,拟明日下午来访。予即覆之。

灯下备课。

倚枕阅《人间地狱》一回。

22 日　阴　暖

检出柳逸庐、沈曾荫、许琴伯、张绚伯、陆陇梅五札,拟赠邓秋马。

上午参加周会一小时,又授二课及批阅作文。午后领半个月薪金,六十六万元,然除去欠款及会费、救济金,只四十余万矣。

访邓秋马,即以五札赠之,观其鼎彝拓本,有张叔未、六舟上人、邹适鲁等亲笔题识,又古泉拓本,大都为方药雨、袁寒云、宣古愚等所庋藏之品。既而作拉杂谭,谓潘飞声嗜小足,每宴会征妓,非小足不征。又谓张鸣珂与赵之谦友善,知赵书之必传,乃动辄与赵通函,数年来得赵复书累累,有时论学谈艺,故意与之拗别,赵不服,作长书辨覆,张获之珍似琅球,亦狡狯矣。

访高吹万老人,出示新与海上诸耆翁二十四人、合二千岁所摄之《耆年图》,图中人吹老外,又缪镛楼、蒋竹庄、朱志尧、劳敬修、庄通百、金巨山、冒鹤亭、谢彬如诸前辈。

过新华书店古籍部购《宋词通论》,二千八百元,薛砺若著,开明出版。

报载今年为吴敬梓逝世二百周年,洪昇二百五十周年,为纪念故,重印《儒林外史》及《长生殿传奇》。

灯下录胡石予先师有关吴中南园诗,盖吟水所托也。

石予师蜡印之诗文有二三十张,汇订之成一册。

23 日　阴　暖

今日星期，不赴校。

芮鸿初来访，商量其子投考学校事。

曩石庵所贻薜荔一瓶，予不善培养，枯萎无生机，乃拔去之。陶瓶甚佳，拟得便送还石庵。

备课，《墨子公输盘》，因语体已授完，今后须授文言也。

华吟水来，以朱枫隐诗集见还，知费范九已退休，吟水之同事昆山胡文楷（已不忆）其夫人喜搜集清代女子诗文集，凡数百种，夫人逝世，胡为纪念其亡妻，续事搜求，蔚然成为大观。予即以孟淑遗稿托吟水转贻，又一册赠吟水，又录石予先师南园诗交吟水。

张仲友来访，携来若干扇，皆其友托售者，有沙山春、俞语霜、王秋言、郭兰枝等，予即购兰枝山水扇，一面为褚礼堂书，刻骨尚佳，计二万元。又前托仲友留下之任堇叔书、马企周画、金西厓刻竹扇亦带来，计三万元。

饭后访王凤琦，观彼新裱之尺牍，有祝允明、赵瓯北、吴梅村、傅青主、翁方纲、阮元等，甚精，裱工亦佳。如单页，则空白面必有与尺牍同样之笺纸，盖皆由裱工设法添补者，甚至笺纸上之图纹亦仿制毕真。裱工每页数万元，有至十五万元者。蒙见贻毛岳生、毛意香、乔松年、曾国荃、严大奎、韩熊、汪士鋐七札。

晚饭后王凤琦赴予家附近集贤邨观画，购得王一亭之油画佛一帧，顺便来予家观尺牍。彼爱予之文彭以札，钤有文彭印章，欲与予易彼所藏之文彭札，予即与之。予更赠彼章太炎、樊樊山、李葆恂、方地山、黄钰、钱名山、章钰、余肇康、徐树铭、胡义赞、沈归愚、张鸣珂诸札。

钱化佛来，彼与朱大可、朱其石、严独鹤、邓秋马、陆澹庵诸子，拟假澹庵处设宴，祝予六十岁寿，向予商定日期。固辞不获，乃定于端阳节晚间举行。

备课，睡眠较迟。

24 日　雨　较凉

上下午三课，又批阅作文二十余本，筋疲力尽矣。

灯下备课。

阅郑振铎之《中国俗文学史》,向学校图书馆借得者。

25 日　阴　凉

覆巢章甫书。

上下午三课,又批阅作文。课后学习文件。

打防疫针。

今日为子鹤生日,寿梅备肴面,邀肖鸿来,佐以葡萄酿,饮啖甚欢。

致邓秋马书,约于本星期日下午在王凤琦家会晤,书托肖鸿带去。

灯下批作文又备课。

26 日　阴　凉

上午三课,下午语文小组学习,又批阅作文。

朱其石邮来墨梅册页一帧,附札谓定于六月六日借陆澹庵宅,公祝予之六十生辰,参加者严独鹤、徐卓呆、胡佩之、钱化佛、陆石年、陆澹庵、邓秋马及其石、大可昆仲。

晚饭后同事江问雨、卢缵高、王载昌来闲谈。

备课及批阅作文。

高肖鸿来,且赠子鹤礼物香港衫一件。

27 日　雨　凉

覆谢朱其石,腾以曹昌麟、刘冠雄二长札。

上下午四课,又批阅作文及笔记本。

周屏侯代予购得《初中语文教材分析研究》一册,计一万元。是书为普文出版社发行,已停业,不易购致者。

课后访金雪塍老人,闲谈民初说林人物,老人颇誉沈禹钟。

同事邓广生见告朱屺瞻游黄山,为大水所阻,暂不得回。

今日为上海解放五周年纪念。

内侄周允中自津来信,知丙炎工作甚忙,两星期始返家一次。

校方发出初中三年级语文补充教材四篇:《筑路》《王永淮》《不能走那条路》《英勇劳动艰苦奋斗争取新的胜利》,盖皆灌输劳动教育者。

灯下备课。

28日　晴　凉

致彭谷声书,询其近状。

上午三课,下午批阅作文,又听校长传达新教育教长报告。

章甫邮来许宝蘅、王岽、钟刚中、陈延杰、陈邦福、费敬仲、许石楠、周拜花等札。

灯下备课。

临睡阅唐诗。

29日　阴

上午参加周会,又授二课,下午批阅作文,又小组讨论。一昨校长之传达报告,凡二小时。又举行时事测验,凡十题,予答出三分之二。

途晤孙宗复,立谈片刻,知葛绥成已脱离中华书局,现在顾颉刚处担任地图编辑。范烟桥之长婿现在书城小学任课,夫妇不和,已离居。烟桥之次女春螺已嫁,在香港产有子女。

购《语文学习》五月号一册,二千元。

予与碧波互借之教案,彼此交还。

李伯琦丈邮赠黄侍郎钰致其先伯祖勤恪公书三通,一出幕府手笔,余皆亲笔。谈修颐和园事有关掌故,可珍也。

夜不备课,较舒适,翻阅杂书以为遣。

30日　阴　凉

今日星期,不赴校。

录金鹤望、高吹万两叟《可园观梅诗》,俟便交吟水。

饭后访王凤琦,不意有事赴北京,留有文彭、郑簠、吴历、于敏中、严辰、蒋宗海、陈璔等尺牍,由其夫人转交。据云大约十天后可返。

访冒鹤亭丈,已能行路,但仍罕外出。谈及唐蔚芝老人之死,老人体虽不健,但尚能支持,逝世前数日忽有人以八十万元,请老人撰一支谱序,文甚枯窘,不易着笔,老人煞费经营,始能成篇。既成,大感疲惫,即病剧不起。

访谢闲鸥闲谈,始知彼已由文化广场图书馆调至人民公园博物馆,与江南蘋女士同事。报载余姚龙山书院改建为梨洲文献馆,陈列梨洲遗物。

替寿梅刮痧。

灯下备课。

访钱化佛未晤,予留一条。

31日　阴　凉

连日伤风。

上下午三课,又批阅作文。

庄通百来信,约于六月一日下午在黄河路功德林聚,吃点心。十五日在湖北路春风松月楼聚,吃点心,并希予星期日上午至红榴村茶叙。

顾诚安约碧波及予于星期日欢送顾颉刚赴北京,此日是否朱其石等宴予,未可预定也。

致李伯琦丈书,谢惠尺牍。

6月1日　雨　凉

致巢章甫书。

上午初三授补充教材《筑路》,盖贯彻总路线之劳动教育也。下午高二授《西门豹治邺》及语法,又批阅作文。课后学习二小时。

顾诚安函来,约于星期日公饯顾颉刚北行,予以星期日有朱其石之约辞之。

朱其石来书,决于六日中午借陆宅举行祝寿。

徐碧波亦接得祝寿通知,诚安处之约请展期,实则予虚度六十,一无贡献,而朋好多情如此,为之感怍交并。

灯下备课。

2日　晴　凉

阅《海藻》，黄文莲之妻有句云"芳草绿波人别后，小楼红雨燕来初"，清丽可喜，惜不知其名。

上午三课，又批阅作文及时事测验卷。下午语文小组开会。

同事蒋华、吴师猛来予家观文物。

高肖鸿来予家晚饭。

陆丹林来书，询周瘦鹃之住址，见告陈小翠新近油印诗词集内撕去一部分，闻属与佛影唱和之作。彼近获曾履川所题红树室图七绝，雨青又得向仲坚写词扇，刘翰怡写近作扇甚得意。

灯下备课。

啖鲜荔枝。

3日　晴　燠

上下午四课，又批阅测验卷、笔记本。

走佣为揩玻璃窗并挂竹帘。

丁健行知予六十初度，撰律诗一首见贺。

覆陆丹林书。

灯下备课。

高君介来电，作将伯之呼，奈予近颇拮据，无可为助。

4日　晴　燠

上午三课，又批阅作文。下午续阅作文，又听校长报告。

高君介又来电话，予无能为力，却之。

陆丹林来书，知湖帆《佞宋词痕》下半均由周錬霞手书，又谈及曾履川现喜写狂草，与曩时大不同，以前孔祥熙之字大都由曾代笔。丹林询《初中语文教材分析研究》何处有售,予函覆之。

　　灯下备课。

　　覆谢丁健行。

　　内戚郭志林自苏携来陆稿荐酱肉。

　　寿梅裹肉粽。

　　夜又雨。

5日　雨　燠

　　今日端阳,寿梅购艾蒲,悬缀门前。

　　周会一小时,初三讲《屈原》,高二讲《隆中对》。

　　下午不开会,在家休息。

　　理发、沐浴,为之一爽。

　　啖粽子、枇杷。

　　批阅作文。

　　检出施崇礼、黄钰、黄绍箕三札,拟明日赠朱其石。

　　一昨润弟来电话,由碧波代接,碧波遗忘,今日见告。

　　子鹤送粽子至高肖鸿家。

　　灯下批阅作文。

6日　晴　燠

　　今日星期,不赴校。

　　批阅作文,什九不通,甚感苦闷,且多冗长,内容空洞无物,亦一时风尚也。

　　涤砚。

　　访黄蔼农丈,彼新获桐叶式澄泥砚,甚大,背有宋霖铭识。所谓澄泥者,古代之水门汀也。又莲溪上人钟馗像,用朱砂点睛,神采奕然。彼见告蒋春木已与女佣结合,有似王湘绮之与周妈。明日文史馆员有游园会之举,地点周家花园,今日馆中徐森玉、吴眉孙、姚虞琴、江翊云辈,公宴蔼丈,因丈端阳生日也。并知陈葆藩足疾已愈,且能外出矣。

费范九近患胃出血,休养不出门。

乘一路车赴溧阳路陆澹庵家,祝予寿者澹庵若严昆仲、朱大可其石昆仲、严独鹤、徐卓呆、徐碧波、陆丹林、胡佩之、钱化佛共十人,肴核既佳,酒尤馨洌。各肆谈笑,甚为欢邕。知吴湖帆与周錬霞行将同居。张恂子已瘫痪,不能行动。又传说张枕绿已逝世,但未确实。徐耻痕与杭石君均在大世界任事,亦多年不见之老友也。大可书扇见赠,云:"一代骚人郑鹧鸪,今年六十正悬弧。降神原值花开菊,小寿何妨酒泛蒲。自向井中藏秘史,谁从谷口访潜夫。近来社友都星散,留取长庚照海隅。"又方慎庵与吴湖帆合作扇亦托大可转赠,可感也。丹林出示其新装扇,有宋伯鲁山水,甚少见。他如谢公展、张大千之画,谢无量、张鸣岐、陈三立、郑叔进之书,什九作古人矣。予以黄绍箕、施崇礼、黄孝侯三札赠其石。四时后尽欢而散,予给陆家女佣二万元。

致陈小翠书,索其油印诗词集。

灯下备课。

寿梅见告王凤琦曾来访。

7日 晴 燠

致王凤琦书。

高君介来信,即覆之。

领半个月薪金六十余万元,偿欠去其半矣。

上下午三课,又批阅作文。

灯下备课。

一昨谈及姚苏凤近编《琵琶记》弹词,又张聿光与钮永建连襟,均前所未悉。

睡眠较早。

8日 雨 燠

上午授初三课《王永淮》,下午高二作文,又批阅作文本。课后总路线学习。

啖枇杷。

子鹤赴高肖鸿处吃饭。

备课。

报载戏剧界名宿王瑶卿于三日在北京逝世(即阴历五月初三日)。

9日 阴 燠

上午三课,下午语文小组集体备课。

欢迎见习教师莅校,顾诚安之子德骏及予与邓广生所介绍之薛福明均来,定明日起开始办公。

付电费三万五千四百元。

陈小翠女士邮来《翠楼吟草》三编,附有识语,乙酉以后诗卷十五、十六待钞暂缺,末附其亡弟次蝶遗稿。

袁松年寄来六十初度诗,附纸索诗或画。

胡思屯来信,索晋元中学去年暑期初一入学试题,因其子小学毕业,拟来投考也。

报载上海文史馆馆员游园会,费行简丈赋诗一首,云:"一壑未专仍乐志,百年多故惜幽寻。止戈忻遘敦槃会,翘盼西陲送好音。"

灯下备课。

章甫来信,知关颖人缓刑,心绪大不佳。章甫见告前所贻之尺牍之姓氏、别号及略史。

10日 晴 燠

晨起甚早,阅《中国文学欣赏举隅》。

覆胡思屯书。

上午初三作文考试,下午高二授《隆中对》,凡二课。

购《历史教学》六月号一册,计二千八百元。

区澂芬来书,附寄邓樱桥赠予一诗,又蒙惠信笺一束。

灯下备课。

11日　阴　燠

覆区瀓芬书,附致邓樱桥。

上午三课,授《隆中对》及语法。

下午批阅作文,及总路线学习。

晚间又雨。

灯下备课。

阅《近代名人小传》。

12日　阴　较凉

上午周会一小时,又授二课、批阅作文。

饭后出访邓秋马,赠彼邵茗生、章一山、陈邦福三尺牍。彼出示其近购之扇,吴秋农山水,吴平斋行书,计二万元。又购得尺牍六十余通,代价五万元,甚廉。其中颇多有名者,如张季直（笺纸有双钩文"宣统元年"四字,署款"南通十二龄童张怡祖书"）、张謇、樊云门、易实甫、李瑞清、莫绳孙、金天翮、胡韫玉、陈筱石、聂其杰、瞿启甲、瞿先甲、狄平子、潘祖年、杨士骧、刘瑞芬、刘聚卿、刘之泗、高吹万、余诚格、张菊生、王季烈、叶昌炽、陆润庠、叶揆初、夏敬观、杨云史、孙毓修、周梦坡、徐郙、吴汝纶、范当世。

赴曹家渡听总路线报告,晤陈葆藩,盖挂杖来听者。归家已六时余。

寿梅为购皮拖鞋一双,计二万五千元。

袁松年六十寿索诗,灯下谬草一绝云:"老翁六十登临健,百尺元龙卓酒旗。堪赠定庵诗一句,胸中海岳梦中飞。"

13日　雨　较凉

今日星期。

寿松年诗首二句不妥,易为:"酒酣拔剑狂犹昔,愧我同庚意兴微。"

批阅作文。

饭后访王凤琦,赠彼黄绍箕、吴湖帆、冯超然、张勋、高吹万数札,彼出示自北京购来之董其昌山水、倪元璐梅花、王麓台山水、郑板桥兰竹,谓北方书画虽多,然价不便宜,尤以尺牍更较上海为贵。

赴松雪街访润弟夫妇,购话梅三袋给侄孙。润弟近患血压高,任临时会计,又欠工资,境况甚艰困。

14日　阴　较凉

赠袁松年诗第二句"愧我同庚意兴微","兴"字改为"气",倩徐碧波代书。

一昨新雅之约,予以为天雨作罢,岂知诚安、禹钟、碧波均践约,且顾颉刚亦参加,携有关于洪杨史料之尺牍若干示诸友。予深悔一昨未列席也。碧波携来禹钟《萱照庐吴游杂诗》,盖禹钟托彼转贻者,中有《访瘦鹃爱莲堂》句:"闭户自开花世界,著书能斗月精神。"为之神往。

上下午三课,又批阅作文,甚疲劳。

家用又乏绝,向校方借十万元。

啖枇杷。

晚上赵芝岩来,闲谈俞语霜、任堇叔往事。

高肖鸿送来枇杷,即宿于予家。

灯下备课。

夜半又雨。

15日　阴　较凉

上午一课,批阅作文。下午授《登泰山记》及语法。

子鹤、肖鸿均为假日,故肖鸿即在予家中午、晚餐。

今日报纸出版较迟,盖发表《宪法草案》,甚郑重也。

灯下备课。

下午课毕,阅读总路线文件两小时,令人昏昏欲睡。

夜半又雨。

16日　雨　较凉

　　上午三课,又批阅作文。归家进膳,以雨天衣裤污湿。
　　下午备课,又开初三毕业生会议,五时始毕。
　　碧波代予书赠袁松年诗甚佳,予即邮致松年。
　　灯下备课。

17日　阴　凉

　　上下午四课,又批阅作文。
　　见习教师又有若干位来。
　　万若曾来,寄存予处之《张船山诗集》取去。
　　灯下观杂书。

18日　雨　凉

　　报载日内瓦会议破裂。
　　上午高二甲组测验,乙组作文,又批阅作文。
　　下午讨论总路线第四单元,五时半始毕。
　　见习教师曹君从予学习,略谈教学方法。
　　灯下备课。
　　初三学生来访谈。
　　芮鸿初来信,约星期日上午来访。
　　阅《中国的古乐》,刘伯远所著也。

19日　阴　下午晴　凉

　　上午参加周会一小时,初三授《不能走那条路》,高二乙组授岑参《白雪歌送武判官归京》。见习教师曹、洪二君来听课。
　　同事王承之赠红木笔架一。
　　下午批阅作文,又听工会传达报告既毕,开新旧教师联欢会,备有茶水、糖果,展开文娱活动。

购《宪法草案》一册，计一千元。

啖杏子，尚甘美。

区澄芬索《市楼吟集序》，久未应，于灯下草就之，云："昔欧阳永叔有言曰：'放心于物外，娱意于繁华。'二者各有所适，然其为乐不得而兼也。夫沪壖固车骑填咽，繁衍相倾之地，而我侪娱游阛阓间，相与登市楼，流罃飞觞，逸兴飙举，而侧帽之吟，桐华之句，尘氛烦虑，一付太空。于是放心娱意，竟得而兼之。则其为乐，固何如哉？甲午初春，冻解气和。瞿叟镜人自南通来，澄芬区子宴诸建国酒家，而命侣啸侪，合樽促席。来会者俱素心人，谭谐间作。而苍颜白发，颓乎其中，似醉翁当年者，则瞿叟也。邓子樱桥出示其《鹧鸪天》词若干阕，百琲成文，十香在抱。合座正赞叹间，而邓子已成诗赠瞿叟及予，八叉七步，足以媲美前贤。唐子怀白立和之，韩子劲持亦赓作。瞿叟又一一答酬，清越踔厉，仿佛玉笙璃管之并吹也。番禺袁子松年具三绝才，衔杯默尔，意致洒然，殆所谓空山无人，自成馨逸者非耶？既而澄芬裒集诗什成帙，索序于予，爰草数语以塞责。"即邮寄之。

20日 晴 暖

今日星期。

在家备课。

芮鸿初来访，赠内人织锦缎鞋面。闲谈新闻报馆旧人，知文公达能文而不能书，所书拙劣不类其文，予却未之见也。

胡亚光来，赠红绸被面一。

饭后访邓秋马，出示高式熊为予所刻之细朱文章"逸梅所藏手札"六字，殊工稳。盖式熊托秋马转贻者，秋马新购祁寯藻、穆彰阿、陈曼生札，甚精好。

访方慎庵，谢其赠扇，彼病况日趋佳胜，且能下楼。俄而陈子彝来，暌别已久，不期而遇，为之欣快。并晤慎庵哲嗣幼庵，竺嗜书画，湖帆赠彼文衡山手书《琵琶行》卷，子彝题识，甚雅静得体。

便道至夏石庵治事处，以宗履谷所绘花果扇，托司阍者明日转致。又曩见赠之薛荔一瓶,瓶为紫泥式,甚古雅,而薜荔已枯萎,原瓶仍还之。

赴朵云轩,一观书画展览,什九赝鼎。

子彝谈窓鼎,谓是鼎清卿生前被窃去,抗战时于北京琉璃厂发现,湖帆知之,托人往购,则已被柯凤孙之弟先得,湖帆出巨价向凤孙弟转购,始得珠还(代价银币二千元)。

路遇王星记,将方慎庵与湖帆合作之扇配置扇骨,计三千五百元。

灯下备课。

洗澡。

王传枚来访。

21日 晴 较凉

上下午三课,见习教师四位来听予授岑参《白雪歌》,又代同事方冲之两课,因方以讼事出庭也。甚感疲劳。

袁松年寄赠二册页,一朱笔梅花,一设色山水,绘黄岳松云。

葛德玮邮来《罗马尼亚新闻公报》六月号。

故陈柱尊先生之小姐松英托见习教师陈君,向予致意问好。松英女士服务劳动局,仍住原居。

致高式熊书,附郑大鹤、余倦知、李葆恂、孙师郑四札,并谢其刻章见贻之盛意。

灯下阅《国学图书馆第九年刊》。

22日 阴 凉

上午初三一课,又批阅作文。下午高二作文考试。课后阅读总路线第五单元文件二小时。

定制浅色人民装一套。

石庵来信,谢赠扇。

区澂芬来信,转致瞿镜人一诗:"不须今更叹才难,齐物凭人喻鼠肝。诗画三生存慧业,巾裾几辈卓骚坛。偶从申浦联今雨,得共庚邮亦异欢。江水迢迢人渺渺,同心便有气如兰。"

灯下备课。

领半个月薪,除去欠项只四十余万元。

夜又雨。

23 日　阴　凉

上午三课,末课新旧教师来听课者,凡七人之多。下午语文小组讨论。

刘铁冷来信,询问北京人为何入声字不读入声,予无从答覆,乃致书陆澹庵问之,乞醯之诮所不免也。

致葛德玮书,谢其邮赠《罗马尼亚新闻公报》。

灯下备课。

24 日　雨　凉

上午三课,下午一课,同事陈大昭来听课,又批阅作文。

购《语文学习》六月号一册,计二千元。

阅《最近三十年中国文学史》。

梦中有人问予《孟子》之末一句为何?予不能答,及醒思之失笑。

25 日　阴雨　凉

上午高二甲组授杜甫《后出塞》,高二乙组作文试验。下午批阅作文,又听校长总路线第五单元学习报告,近六时始毕。

陆澹庵覆书,见告语言声韵以民族区域而异,北方人口中无入声,不特北京人然也。我汉族自西北来,祖先口中向来止有平、上、去三声,而无入声字。至于将一部分字念作短促之入声,则为长江以南蛮区所特有。四声之说始于沈约,约为南人,故以入声羼入北方原有之平、上、去三声,成为四声。沿用至今,迄无变更。然北方人口中则仍保守原有之平、上、去三声,并无入声也。彼之《水浒研究》昨始排竣,下月中可出版,顷正手写《隶释补正》,借以自遣。即以此覆刘铁冷。

高肖鸿晚上来予家。

阅顾实《中国文学史大纲》。

灯下拟测验题。

阅杂书消遣。

26日　阴　小雨即止　凉

上午参加周会一小时,高二乙组测验,初三同学要求讲古典文学,即为述概况。又批阅作文。下午开保卫委员会,三时毕。

巢章甫邮寄其所书扇面一。

理发。

访金雪塍老人,壁上张有钱太希对,谓太希生前借居老人家凡四阅月,老人于近人书少所许可,即太希作书亦认为只能作寸书,大字力所不胜也。因出示太希所书诸碑拓本,以《余觉先墓志铭》见贻。余觉先,岐黄家云岫之父也。章炳麟撰,太希书,沙文若篆盖。老人又出示梅调鼎之"赧翁法书集",除壶铭、扇页、对联外,余皆视为恶劣。

新制衣已成。

寿梅拟为子鹤之室取一斋名,予谓可取蓐红馆,盖蓐谐声鹤,红则谐声高肖鸿之鸿也。或为归鹤来鸿馆。

阅《南社纪略》及《晚清小说史》。

忆日前晤陈子彝,谈及吴湖帆之画,予谓有人以华新罗之画易湖帆之画者。子彝见告有人藏唐六如画一帧,帧中残损一小方,引为遗憾,以示湖帆,愿湖帆临一帧,而以原画易湖帆所临者。湖帆挥笔既成,其人欣然持之去。湖帆则将六如画细加补缀,重付装池,居然完好无缺。其女出嫁,即以充实妆奁云。

27日　上午阴傍晚微雨　凉

今日星期,学校开初三毕业生家长会议,予任招待。午时始毕。

饭后访华吟水,以所抄关于吴中城南故实予之,彼新购李圭(小池)所著《思痛记》,身历洪杨之役,目睹惨杀事,叙述甚详尽。

访戴果园,阅《西溪吟集图》,联句由康南海书,图则出于余绍宋手笔也。果园见告姚鹓雏于一昨逝世,果园知予集札,索予多余之件。

检出孙师郑、陈仲恕、姚石子、潘兰史、费韦斋、桂南屏、余倦知诸札,又知府继铭一札,致袁宫保者,有项城手批之字,即邮寄果园。

灯下备课。

邻人见告,有姜姓友人来访,但未留片,不知为伊谁。

见街头布告,有竹居陈子彝管制三年。

28日　雨　凉

上午初三作一总复习,又授高二甲组李绅《悯农》诗二首。下午授高二乙组课,见习教师听予讲授。又批阅作文。

校中又来一见习教师侯君,谓于廿年前新闻夜报联欢晚会席上曾晤过,彼独鹤弟子也。

散学时大雨倾盆,予待雨稍止始归,然积潦湿足矣。

高肖鸿来,即宿于予家。

寿梅拟将房客之后门关断,供水接出,水管托里弄组织苏君代向房客接洽,已议定该费作三七算,即房客认十分之三,予家认十分之七。

灯下备课。

29日　晴　燠

上午初三总温课,课务全毕。又批阅作文,及时事测验卷。下午高二授李白诗,又总路线学习两小时。

高肖鸿在予家午饭,子鹤与肖鸿同去,子鹤即在肖鸿家晚饭。

装水管,碧波有熟人陈家齐在华山路,即托碧波代为介绍。

灯下备课。

30日　晴　燠

上午授高二陆游诗,新旧同事三人来听课,又批阅测验卷。下午出大考题,又讨论分数制，五时始毕。

洗澡。

前借碧波南京教师进修学院所编之《高中语文》第二分册还碧波。

前借之参考书悉还图书馆。

刘铁冷来信，知已晤顾佛影。佛影近两年中又研究文字学，颇有所得，刻在撰《清史演义》六十万言，为四联书局所作。佛影拟一见高吹万先生，托予绍介。

倚枕阅《小说丛报》。

新见"陈蝶衣旧体诗五首注"

孙莺

陈蝶衣,原名陈积勋,号逋客,笔名蝶衣、丹蘋、涤夷、红蕤等。江苏常州人,生于1909年①。其父陈善敬,字康寿,号固穷,乃前清秀才,在《新闻报》任书记员。陈蝶衣16岁入新闻报馆当练习生,因字写得好,被报馆主事指定为专事誊写稿件的抄写员。工暇之余,陈蝶衣以笔墨为戏,在《先施乐园日报》《诚德报》《社会之花》《游艺画报》《少年》《半月》《紫罗兰》《新月》《紫葡萄》《绿痕》等刊物上发表文章,如《听雨楼随笔》《文坛五更调》《秋月楼杂谈》等。所谓文章天成,陈蝶衣此时虽年少,然飞扬之才气,已彰显无遗。

陈蝶衣跌宕半生,经手编辑之刊物数以十计,如《自鸣钟》《东方日报》《金钢钻》《小说日报》《明星日报》《铁报》《万象》《春秋》《海报》《大报》②等。虽内容不一,风格各异,然皆有陈蝶衣之个性。

1951年,陈蝶衣赴港,留长子陈燮阳、长女陈力行(湄)在沪。本文首次披露的陈蝶衣五首旧体诗分别作于1954年、1958年和1960年,字句间深蕴对膝下儿女的牵挂和思念,读来怅然(为帮助读者理解,笔者对陈蝶衣诗词中的典故出处略加注释)。

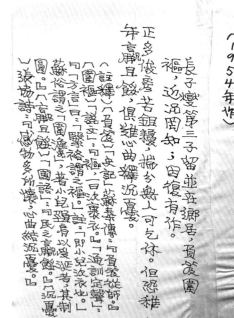

1954年旧体诗

---

① 据陈蝶衣长子陈燮阳提供的家谱,陈蝶衣生于宣统元年(1909)九月初八。
② 1949年7月,上海解放后,冯亦代主办了一份小报,名为《大报》,由陈蝶衣主编。1952年,并入龚之方、唐大郎主编之《亦报》,名《亦报》。

长子燮③、第三子留④并在乡居,负笈围褕,近况罔知,因复有作。

正多俊秀若锄耰,揣兮无人可乞休。

但恐稚子羸且馁,俱难心曲释沉忧。

(注释)

负笈:《史记·苏秦传》:负笈从师。

围褕:《说文》:褕,一曰次裹衣。《通训定声》:《方言》曰"繄袼谓之褕"。注:即小儿次衣也。苏俗谓之"围瀺⑤",着小儿颈肩,以受涎者,其制圆。

羸且馁:《国语》:民之羸馁。

沉忧:张协诗"感物多所怀,心曲结沉忧"。

匆匆

匆匆又过纳凉时,渐览山窗月到迟。

世乱常难偿宿愿,歌成但可抒幽思。

横肱累次疑妨座,作室频番梦墅茨。

长羡神灵依止客,独能借癖乐誉儿。

得家大人谕示,谓将送燮、留二儿至沪埂,匄唐娘携留儿南下广州,燮儿则拟在沪就学。

(注释)

宿愿:揆叙诗:"风雨每思偿宿愿。"⑥

幽思:《史记·屈原传》:"故忧愁幽思,而作《离骚》。"

横肱:《鹤林玉露》:"陈了翁日与家人会食,男女各为一席。食已,必举一话头,令家人答。一日问曰:'并坐不横肱,何也?'其孙女方七岁,答曰:'恐妨同坐者。'"

---

③ 长子陈燮阳,生于1939年。毕业于上海音乐学院,曾任中央歌剧院院长、上海交响乐团团长、上海交响乐团音乐总监。现为国家一级指挥,"上海文学艺术杰出贡献奖"获得者,上海音乐家协会副主席、全国政协委员。

④ 三子陈志阳。

⑤ 瀺,基本字义之一为"汗"。《史记·扁鹊仓公列传》中"出及瀺水",即手足液也。

⑥ 查慎行,《敬业堂诗集》卷四十一,《揆叙》:一醉筳前各异程,迢遥沙塞与江城。欲攀征盖终无计,若挽归航似不情。风雨每思偿宿愿,亭台还请署新名。从今裂帛湖边月,长照离人白发生。

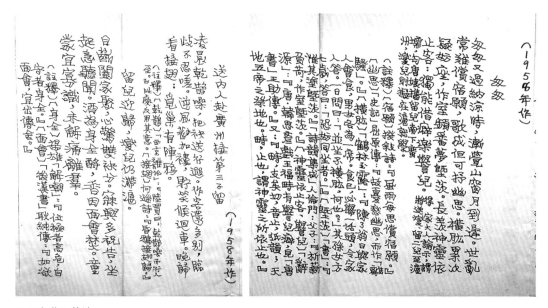

1958年作旧体诗

塈茨：《书》："惟其糊涂塈茨。"《诗韵集成·人伦门》："父子，析薪负荷，作室塈茨。"

神灵依止客、誉儿：《辞源》："（唐）韩思彦戏王福畤有誉儿癖，见《唐书·王助传》。又，畤，支矣切，音止，纸韵，天地五帝之祭地也。畤，止也。谓神灵之所依止也。"

送内人赴广州接第三子留

凌晨乾鹊噪，把袂送行遐。
作客还多别，临歧不忍嗟。
逆风劝加褛，贮笑候迴车。
晚归看接翅，觅巢有阵鸦。

（注释）

乾鹊：《西京杂记》：陆贾曰："乾鹊噪而行人至。"此处反用其意。

接翅：何逊诗："昏鸦接翅归。"

留儿迎归，燮儿仍滞沪。

目断阖家聚,心惊双袂分。
寐兴多祝告,坐起急听闻。
酒为全身酹,香因面会焚。
童蒙宜寡识,未解痛离群。

(注释)

身全:扬雄《解嘲》:"位极者高危,自守者身全。"

面会:《后汉书·耿纯⑦传》:"如欲面会,宜出传舍。"

山店送摺诗

山市渐成汤沐邑,但赊醪脯不论钱。
岁朝又报新张喜,一摺专开庚子年。

(注释)

汤沐邑:《礼·王制》:"方伯为朝天子,皆有汤沐之邑,于天子之县内,视元士。"(注:给斋戒自洁清之用,浴用汤,沐用潘。)

1960 年作旧体诗

---

⑦ 耿纯,字伯山,河北巨鹿(今河北赵县)人。汉光武中兴时名将,列二十八宿。任大中大夫、东郡太守,封高阳侯、东光侯,谥成侯。

无燮儿消息

仍年音耗断,间道试探难。
安否费驰想,怒焉非一端。
只缘多垒隔,减却合家欢。
把晤惟留影⑧,犹能相向看。

〔注释〕

怒焉:陆机诗:"行矣怨路长,怒焉伤别促。"⑨
多垒:《礼·曲礼》:"四郊多垒,此卿大夫之辱也。"杜甫诗曰"多垒满山谷"⑩。

寄家大人第三十六禀,问燮、留两儿能否同南下后略述。

图书渐欲忘怀挟,笄丱犹难免梦萦。
出可能胜提笈重,眠应已喜裹褔轻。
逢人罕睹鸢肩⑪色,问俗常听䛀舌声。
身是羁栖闻见少,将何意趣话生平!

〔注释〕

怀挟:《后汉书·儒林传序》:"先是,四方学士,多怀挟图书,遁逃林薮。"
笄丱:《中论》:"君子修德,始乎笄丱,终乎鲐背。"⑫
提笈、裹褔:见卷三:"长子燮、第三子留并在乡居负笈裹褔,近况罔知,因复有作。"
鸢肩色:《唐书·马周传》:"岑文本谓所亲曰:'马君鸢肩火色,腾上必速,恐不能久。'"
䛀舌声:《孟子》:"今也南蛮䛀舌之人,非先生之道。"苏轼诗曰"时时䛀舌问三苏"⑬。

---

⑧ 蝶衣注:与予及予妇并济儿合照,摄于上海。
⑨ 陆机《赠弟士龙诗》:行矣怨路长,怒焉伤别促。指途悲有余,临觞欢不足。我若西流水,子为东峙岳。慷慨逝言感,徘徊居情育。安得携手俱,契阔成騑服。
⑩ 杜甫《不寐》:瞿塘夜水黑,城内改更筹。翳翳月沉雾,辉辉星近楼。气衰甘少寐,心弱恨和愁。多垒满山谷,桃源无处求。
⑪ 鸢肩,指双肩上耸如鸢,是贵相。
⑫ 蝶衣此处写为"骀",似有误,应为"鲐"。鲐背,谓老人背上生斑如鲐鱼之纹,为高寿之征,故"鲐背"泛指长寿老人。
⑬ 苏轼《次韵子由使契丹至涿州见寄四首》:毡毳年来亦甚都,时时䛀舌问三苏。那知老病浑无用,欲向君王乞镜湖。

《萧萧》上的一封巴金书信（外一篇）

龚明德

广西师范大学出版社二〇〇八年九月出版的"煮雨文丛",已见到三本,其中一本是姜德明的《金台小集》,是作者"不曾结集"的"怀人、谈书和闲话新文学期刊的随笔集",收长短文章共六十二篇,仍然是一本可读可存的书斋精品。

这本《金台小集》第二辑《旧刊新拾》中有一文名《文载道与〈萧萧〉》,谈金性尧二十世纪四十年代初秋冬在上海主编的共出了三期的小型刊物《萧萧》,还引录了发表于《萧萧》第二期上一封完整的巴金书信,转抄如下。

性尧先生：

　　三十日来信收到。我在内地还好,常常想起你们。刊物出版,自然愿意帮忙。我有几篇散文在圣泉处,里面有九篇文章,如《风》《雷》《雨》《龙》《醉》《撇弃》《祝福》等。你有空不妨到福润里去看看,选两篇发表。将来写了新的短文,再为你寄下几篇。从文信过两天即转去。他如有文章一定会寄上的。见着季琳请代致意。他的信也见到了。《火》第二部在这里送审,尚未审完,不知何日可出。我和几个朋友在这里租了房子,刚搬进去,连桌子也没有,写字不便。今早有预行警报,我在七星岩茶棚喝茶,就在躺椅上写了这封短信。别话后详。

　　祝

好！

巴金

姜德明在文章中对巴金这封书信作了两点说明：其一,他说巴金这封信是"应约寄《龙》的文稿时"附的；其二,他"查《龙》写于一九四一年七月"后猜测此信写作时间"当在同年九十月间"。

姜德明此处的两点说明,都留有再议的空间。

事实上,巴金书信已经明确地说他有"九篇文章,如《风》《雷》《雨》《龙》《醉》《撇弃》《祝福》等",都留存于住在上海的陆蠡即书信中所说的"圣泉"那儿,让金性尧"有空不妨到福润里去看看,选两篇发表",可见姜文中"应约寄《龙》的文稿"并未发生过。

至于这封书信的写作时间,姜德明是用《龙》的写作时间来推论的,而寄信时没有附上刚"写"的文稿《龙》,当然这种推论就不能成立了。为处理《巴金书简(初编)》,我曾誊抄整理过一两百封巴金书信手迹,知道巴金有不写书信年份的习惯,也有年月日都不写的。这一封书信,就是年月日俱缺。

好在这封信中,有几处线索可供我们查考此信写作的具体时间。

线索之一:"三十日来信收到。……刊物出版,自然愿意帮忙,……"这个"三十日"可以判测为"一九四一年十月三十日",是金性尧创办《萧萧》组稿之初的时间。《萧萧》创刊号出版时间标为一九四一年十一月一日,组稿和编稿、印刷等约需一个月。金性尧收到巴金的回信,就去陆蠡那里"选"巴金存放的"九篇文章"中的两篇即《撤弃》和《龙》,《撤弃》发表于《萧萧》第一期即创刊号上面。也就是说,巴金的这一封信,只可能写于收到金性尧约写稿件的来信当天或次日,即当时从上海到桂林的邮程所需时间。我们试着把巴金写信的时间,暂定为一九四一年十一月上旬后几天。

线索之二:"《火》第二部在这里送审,尚未审完,……"巴金的《火》第二部是一九四一年五月二十三日结稿的,最后出书不是在桂林,而是在重庆的开明书店,出书时间是一九四二年一月。巴金此信给我们提供了一条关于"《火》第二部"问世前的重要讯息,即巴金携带书稿到桂林交由有关部门审查过。等当年广西桂林的全部档案公开解密,我们就可以明确知道"《火》第二部"在桂林有关部门的"送审"详况了,也可以给这封巴金书信的写作时间增添一条佐证。

线索之三:"我和几个朋友在这里租了房子,刚搬进去。连桌子也没有,写字不便。"在《关于〈还魂草〉》的回忆文章中,巴金说他"一九四一年第四季度"这段时间"住在桂林东江路福隆街一座新的木造楼房里",他是"在用竹子编成的小书桌前埋头写作"的。查勘巴金当时的行踪,他是一九四一年九月八日这一天由云南昆明经贵州贵阳抵达广西桂林的。因为带着萧珊等人,还要筹建文化生活出版社桂林办事处,必须马上有房子住,所以经过不少周折,终于租到了"一座新的木造楼房"。什么时候租到房子的呢?有人估计是这月"约中旬",但从这一封信看,还得往后推。写此信时"租了房子"后"连桌子也没有",这信的开始说的"三十日来信"就不会是上面暂定的十月甚至九月,而应该是八月。只有刚到桂林不久的九月八日之后头几天或头十几天,才会"租了房子,刚搬进去"。

由这硬硬的线索之三可以初步结论如下:金性尧的约稿信写于一九四一年八月三十日,巴金的这封回信应该写于一九四一年九月八日之后和动手写《还魂草》之前这一小段时间内,因为上引"在用竹子编成的小书桌前埋头写作"的作品正是《还魂草》。《还魂草》一九四一年十二月四日写完,动手写作的时间按巴金《关于〈还魂草〉》中的回忆,应该是住在他隔壁的王鲁彦当时"正在编辑《文艺杂志》创刊号"之组稿初期。巴金说:"现在回到《还魂草》上面来。这小说是在一九四一年写成的。当时我住在桂林东江路福隆街一座新的木造楼房里。小说家王鲁彦兄住在我的隔壁,他正在编辑《文艺杂志》创刊号,指定我写一篇小说,我就在那个房间里写起来。"至于何时动笔写《还魂草》,巴金在此文稍后又说:"我已经记不清我花了多少时间写成这个中篇,我只能说我写得顺利。"因在中篇小说《还魂草》篇末有"十二月四日写完"即一九四一年十二月四日写完的准确记载,这作品共四万字,在"写得顺利"的情况下,最多十天时间,巴金应该是十一月中旬动笔写《还魂草》的。

这儿还是要说清楚王鲁彦创办《文艺杂志》的事,才可以把巴金给金性尧的信之写作时间理得更有眉目。王鲁彦孩子多,他是应巴金等友人的邀请,才于一九四一年七月带病从柳州一所师范学校辞掉教职来到桂林的。巴金等友人说服王鲁彦最好主办一份杂志,大家都可以帮忙,好让王鲁彦不仅有事干,还有一笔收入用于养家。王鲁彦同意担任《文艺杂志》主编,巴金就爽快地答应为他写一部中篇小说。在战乱时的桂林办杂志很艰难,想象得出,巴金等人除了为王鲁彦的杂志供稿之外,肯定要做不少登记、联系印刷等琐务,所以时间该是十月份之前。

巴金这封书信中的"从文信"即"给从文的信",当然是指金性尧请沈从文为《萧萧》提供新作的约稿信。"季琳"即高季琳,就是柯灵。

巴金一九三九年一信

别说二十世纪三四十年代的巴金书信手迹难得一见,就连一九五〇年前后二三十年间的巴金书信手迹也是难得见到一封。幸运的是,在二〇〇八年十二月上海辞书出版社印行的金性尧著《星屋杂忆》第十五页,见到巴金一九三九年写给金性尧的一封书信,而且是清晰可辨的完整手迹,先严格依照手迹释文如下。

性尧先生:

　　近日为友人校对译稿甚忙,答应给《鲁迅风》写的文章无法交卷,请原谅。今天为自己编的小丛书中某一册写了一篇《前记》,抄给您看看,不知能否作为补白在贵刊发表,因为在离沪以前恐怕不能写出像样的文章了。

　　祝

　　好

　　　　　　　　　　　　　　　　　　　　巴金
　　　　　　　　　　　　　　　　　　　　九日

在几乎整页篇幅影印该封巴金书信手迹并加以述说这封书信相关情况的同时,《星屋杂忆》编者对书信的写作月份没有给出准确的交代,给读者的印象是只能知道它写于一九三九年某月九日。一年有十二个月,根据书信本身一些内在元素,不仅可以准确地把月份落实下来,而且还良性地丰富了这个时间段巴金的其他相关的生平事迹细节。

书信正文开始说"近日为友人校对译稿甚忙",据巴金《〈互助论〉前记》末段第一句"朱洗先生的译文由我匆匆校阅一次"来看,参照该"前记"文末写作时间"一九三九年六月十八日",无疑地这封书信中所说的"友人"就是朱洗、"译稿"就是朱洗翻译的克鲁泡特金专著《互助论》。此译著一九三九年十二月由重庆的文化生活出版社印行,出书周期决定了巴金只能"匆匆校阅一次";同时因这段时间"甚忙",导致"答应给《鲁迅风》写的文章无法交卷"。

书信正文往下是"今天为自己编的小丛书中某一册写了一篇《前记》,抄给您看看,不知能否作为补白在贵刊发表"。这里所说的,很轻松就可以落实是指什么。"为自己编的小丛书中某一册写了一篇《前记》",就是指发表于金性尧编的《鲁迅风》半月刊第十六期上的《写在罗淑遗著的前面》一文,六百多个字的一则短序。此文初刊《鲁迅风》半月刊时,文章后面的写作时间就是一九三九年六月九日,给巴金此信写作月份来了一次更为具体的参照,也与"今天为自己编的小丛书中某一册写了一篇《前记》"有了对应。写作这封书信的同一天稍前,巴金就有把《前记》"抄给"金性尧代替约写文稿的打算。

书信正文末句,巴金说他自己"在离沪以前恐怕不能写像样的文章了",又是一条硬性史实。"离沪",就是巴金这一年写给三哥李尧林的书信中讲的:"我去香港取回我一九三八年广州沦陷前存放在香港友人处的衣箱。六月去香港,住了不到一月。"书信中的"香港友人",就是萧乾。巴金的这一个"衣箱",本来存放在萨空了那里,萨空了离港后转存于萧乾处。这里的末句"六月去香港,住了不到一月"提示了巴金这时期的一个关键活动范围,可以锁定巴金去香港的"离沪"日期。一九三九年六月九日还在为《鲁迅风》供稿干着"抄"的工作,而且急待付印的朱洗译著《互助论》仍在"甚忙"的"校对"过程中,这个月下旬最末几天"离沪"的可能性比较大。"六月去香港,住了不到一月",而一九三九年九月十九日巴金"由港返沪"。这信中"一月前"就是一九三九年八月十九日,模糊一些讲是八月中旬。巴金还有两封一九三九年写给孙陵的书信,初刊一九四〇年一月十五日桂林《笔部队》创刊号,九月十九日的信中也明确地写着"我一月前由香港返沪",再一次加强了巴金这个时期的行踪硬性细节的可靠性。巴金写给孙陵的这两封书信,都没有编入人民文学出版社一九九四年二月出齐的二十六卷本《巴金全集》的三卷书信集,以后可以补入。

这么罗列了一下,巴金一九三九年下半年的生平行踪就很清晰了。再多查阅一些巴金该时期自述性质的写实散文和序跋、回忆文章,还可以再逐周甚至逐日地登录他的行踪细节。巴金是已有定评的经典大作家,他的行踪史实值得如此详尽地考索和登录。

忆唐云先生二三事

林凤生

20世纪60年初,上海的花鸟画创作非常活跃,其中江寒汀、唐云、张大壮等既继承了明末清初八大、石涛的笔墨,又吸取了任伯年、虚谷清丽典雅的色彩,形成了一种雅俗共赏的新海派。唐云先生因喜好画兰竹大石,作品更显风雅、高古,更多了一些名士风度。

当时在中学读书的我为之入迷,后经人介绍常去唐云先生江苏路中一村(现江苏路46弄)寓所学画,前后也有三年,故当时唐先生的风采给我留下了深刻的印象。

唐先生教画——身教重于言教

20世纪60年代初,唐先生当时大约50岁,年富力强精力充沛,在绘画风格上也是日趋成熟,达到了他人生中的一个艺术高峰。

唐先生的画室位于二楼,名"大石斋",这里也是他的卧室兼起居室。我一般都在星期天的上午去唐先生家,到那里时他已经吃过早饭坐在椅上吞云吐雾,与先来的学生说古道今。我向先生问好后,先归还上次带去的画稿,同时把自己的临摹画给先生看。他也是随便翻翻,说一二句评语,却能够说到关键之处,对我在临摹画中留下的炭笔勾勒的轮廓线非常讨厌。后来我才知道,中国画强调用笔墨的技法来表达花鸟的造型。例如画一个鸟,要从背面和翅膀画起,然后用细笔来勾勒它的眼和喙,只要用笔有序,形象是可以把握的。用炭笔来打轮廓,应该说是初学者的一种"顽疾",很不可取。

唐先生教画方法比较传统,主要是通过作画示范,让学生们观摩体会,偶然也会说上两句要领。例如,他示范画小鸡的时候,用小手指擦拭一下小鸡的背部,告诉我说:"这样一来,潮湿的宣纸起皱,看起来毛茸茸的。"他的示范画的题材大多数是兰竹、荷花等,因运笔的幅度比较大,容易让站在旁边的学生观摩、体会和领悟。

作画时，先生"静默思索，凝思结想，了然于胸，一挥而就"。

此时的他神态专注，动作敏捷，随着毛笔在纸上的点、擦、泼、染，水墨淋漓的图像便渐渐映现出来……真的是"当其下手风雨快，笔所未到气已吞"。此时，我等在旁边观摩的学生也会受此影响，感同身受，胸中的画意也会油然而生。

唐云先生的画稿（给学生临摹用）

快到中午时分，先生会随便借几幅作品（没有署名的）——这种称为课徒画稿，让我带回临摹，下次归还。还画稿的时候碰到老师高兴，还会动笔在我的临摹作品上修改几笔，画也因之大为增色。此时先生会说："这画以后不要拿出去（指的是参展）。别人看起来（笔墨）还不错哦。"（笑）在先生家里碰到的几位学长都是专业的学生，带来的作品又多又好，有的习作在我的眼里已经画得相当精彩，几可乱真。以至于我有时都不好意思把自己的画拿出来。

唐先生是一个资深"玩家"

当时的我，作为一个中学生仰视唐先生，感觉先生对艺术的痴迷，不仅仅是绘画，其他如书法、石刻、竹刻、砚台、紫砂壶乃至花草、昆虫，凡具美感、能赏心悦目的东西他都充满了兴趣。所以唐先生看到心仪的字画、古玩也喜欢收而藏之。与现在的所谓收藏家（其中许多人是兜里银子多、肚中墨水少）不同，唐先生知识渊博、见多识广，对于鉴定具有敏锐的眼力。他的收藏主要从兴趣出发，也兼顾创作的参考和借鉴，不只是看"名头"或"唯真迹为上"。即使不是真迹，如果画得好又价格便宜，他也会买了"玩玩"。记得有一次，我见先生的书房里新悬挂了一幅石涛的荷花，好像在古画市场见过，而且价格卖得很便宜，便问："这幅石涛画是真的吗？"唐先生笑曰："几元钱能够买到真的石涛，岂不要笑煞！"可见先生知道买的未必是真品。确实，名家的真迹未必都是精品。记得那一段时期,我常常去南京路荣宝斋(现在的朵云轩),看到二、三楼展厅里齐白石的作品很多,十几元一幅,但几乎无人问津。事实上,在当时的非真迹里也不乏手段高的"伪作",张大千有时候就会模仿石涛,让人受骗上当。

唐先生买了好东西,不是藏于密室、秘不示人,而是随时把玩,甚至还会让人参与其中呢!确实,当时我在唐先生的画室里见他的那些石砚、名壶,不论是汉砖、端砚还是大彬壶、曼生壶,都很随便地放置在宽大的画桌或小茶几上,并且轮换着使用。小憩的时候,先生会呷一口茶,摩挲细腻的壶体,欣赏古拙的造型,回味隽永的壶铭,露出会心的微笑。此情景有诗为证:"午晴睡起小窗幽,人事闲来对茗瓯。解识东风无限意,兰言竹笑石点头。"

记得一次有位中年人来先生的书房携壶求售,从包里取出一个紫砂壶,壶的表面内外都积满厚厚的茶垢,先生付钱(25元)后,让逸览拿去洗洗干净,来人忙说:"不可,洗掉了茶垢,岂不成了一个新茶壶。"先生笑曰:"我还要用来泡茶呢!"我那天正好站在旁边,见壶肚上光溜溜的,便说:"唐先生还要在壶的肚上画只鸟呢!"唐先生笑曰:"你这伢儿(杭州话,小朋友的意思)倒晓得。"后来先生是不是在紫砂壶肚上画了什么,我不清楚,但当时我这样说话是有道理的。原来在此前几天,我去先生家,恰好黄胄老师刚来过,我见画桌的宣纸上画了一头大驴子(黄胄老师以画驴子出名),在一只端砚的红木盖上也画了一头驴子,甚至在木床的横档上的一块插头(立方体)上也画了一头驴子。我知道唐先生与黄胄一样,作画兴致上来的时候,随便在哪里都要画上几笔。当然,这些画在木盖上的图画以后还要请人凿刻了,才能够成为完美的艺术品。此前,我经常看到唐先生在扇骨上画了竹、菊、兰、梅,后来请叶路渊先生凿刻,非常精美。唐先生偏好"这一口",乐此不疲,后来获得了意外的惊喜。众所周知,唐云先生收藏了多把曼生壶而驰名收藏界,而先生在众多款式的紫砂壶中偏爱曼生壶有他的道理。原来宜兴的土质适宜于制作茶壶,数百年来也流派纷呈,自供春和尚算起大多数的制作者都是工匠,主要是在茶壶的造型和款式上下功夫。一直到了清朝嘉庆年间的陈曼生,因为他是文化人,学问渊博,故将诗、书、绘画、篆刻等艺术融入到制壶之中(由著名工匠杨彭年制作),使紫砂壶成为既是可供玩赏的艺术品,也是一种综合性的文化载体。许多年之后,唐云先生也请了多位海上中国画大家与宜兴壶制作工匠许四海等合作,创作了一批蕴含丰富文化内涵的紫砂壶,可以看成是一种现代版的"曼生壶"。在宜兴紫砂壶的制作史上,应该有一席之地。

唐先生也好种植。冬天的时候在南窗台放了几盆水仙花,让室内春意盎然。先生也喜欢养蟋蟀,有时会让我从家里带几个强悍的蟋蟀,与他养的决一雌雄。在蟋蟀决斗的时候,先生与我们一起围观,好不快活。不过,我带去的蟋蟀两次都以失败告终,赛后懒得把蟋蟀带回去,便给他家养的鸡做了"点心"。

唐云先生好诗

中国的文人画历来讲究"诗中有画、画中有诗"。故唐云先生好诗词,虽然没有什么名句流传下来,但在题画诗句里,也不乏传神的佳作。例如前面说的一首诗就十分形象,把他自己徜徉在诗情画意之中的快活表达得淋漓尽致。他的题画诗中也时有妙语,如先生去黄山写生数月,回家后整理画作。我见一幅气势雄伟的松树林图,上面题有"山灵畏我黄山住,墨渖长松十万枝",两句诗说得豪气万丈。先生在画竹的时候常常题词,如:"未出土时先有节,到凌云处总无心。"我问先生这啥意思?他告诉我说:"这首诗好,比喻人在没出名的时候已经胸有抱负,到了功成名就的时候也不自以为是。"这句话与唐先生的性格十分契合,所以他常题在画上。

先生也喜欢收藏诗集用于学习。一天我去唐先生家,他见我来,笑曰:"让你出一回差。"原来日前先生托人买了一套《王荆公诗集》线装本,其中一个分册里少录了4首诗,先生让我去上海图书馆抄一下。我说自己无借书卡。先生说不要紧,他提笔写了一张便签,让我带了书和便签,去美术馆找沈智毅先生。沈先生也常来唐云家里,我也见过。我立马去了美术馆,沈先生让一位女讲解员陪我去上图。她和图书馆的人好像都互相认识,所以一切颇为顺利。不久唐先生又让我做事,原来当时中华书局出版了多辑《中华活页文献》,每一辑有十来本,都是介绍中华传统文化的经典文章和诗词的。先生买到了第二、第三辑觉得很好,但是就缺少第一辑。一天,唐先生见到我,说:"你阿爸在中华书局,能不能帮我买一套?"我回家后问我父亲,父亲对我说,《中华活页文选》现在已经有了合订本,新华书店就有售。我听了后就抽空去买书,下午直接送到唐先生的府上。他刚刚起床,睡眼惺忪,见到合订本后立马来了精神,说:"好啊,这样就不容易遗失了。"然后取了茶盅,从紫砂壶里倒了好茶给我喝。我连连说:"不敢当。"唐先生说:"你帮我办事情,犒劳你是理所当然的,我还要送一幅画给你呢!"我连连说不要,家父明确告知我不要随便问老师要东西。唐先生说:"这一次又不是你问我要

唐云先生送给作者的扇面

的……"我见画桌上放了一大叠扇面,便说:"那就送一幅扇面给我吧。"唐先生笑了一下说:"那么画就没有了。"于是他把扇面放到夹板上固定,写上了我的名字。

说来惭愧,我虽然前后也有三年时间去唐先生家里学画,但是疏于练习(当时正在读中学,功课也比较忙),鲜有长进,用现在的话来说,我是来"打酱油的"。唐先生也批评过我:"画么不画,就是来玩玩。"时至今日,我再回想起这一段学习,虽画技提高不多,但耳闻目染受到了艺术熏陶,对自己的人生来说也是一段弥足珍贵的经历。

中词西曲忆凤三
——香港海派作家系列之五

沈西城

"小叶,来来来,来呀!阿拉两家头一道唱《今宵多珍重》!"大块头作词家凤三阿哥拉着大嗓门喊。"小叶搭三哥唱,一定好听。"合应着的是貌似账房先生、四大海派作家之首的萧思楼(过来人)。我有点迟疑,今夜喉咙有点儿发炎,不好唱。老白脸小方兄(方龙骧)直叫:"喂,沈西城呀,沈西城,叫侬唱就唱,装啥个腔调!"左手捧酒杯,右手夹着半截"三五"香烟屁股,自说自话地唱了起来:"南风吻脸轻轻,飘过来花香浓……"大胡子何行拿起毛竹筷子,在台面上敲打拍子。三哥为我壮胆,先唱了第一段。四大海派作家捧着一个"刘阿斗",不唱怎行!驻场台湾女歌星方鸣走过来帮腔:"沈先生,你要唱呀,不唱,大哥们脸上可挂不住呀!"罢了罢了,唱就唱!豁出去,一手拿起台上的威士忌,倒上半杯,一口灌进喉咙。真管用,壮胆子,开口和着三哥唱:"我俩紧偎亲亲,说不完情意浓;我俩紧偎亲亲,句句话都由衷——"一直从坐着的四方台子,勾着三哥的脖子,曳着蹦嚓嚓舞步闯入舞池。别看三哥大块头,跳起蹦嚓嚓,灵巧轻盈,我不及他。小方兄,唉!醉了,腰缠白台布,摇摇晃晃,踏着自创不知名的舞步从旁助兴。

1968年,铜锣湾翠谷夜总会,衣香鬓影,银灯泻月,都成依稀旧梦。那时候,差不多隔日就来翠谷蹭酒赊饭,坐

冯凤三(右一)和作曲家李厚襄(右二)、歌星张仲文(坐者)等,20世纪60年代摄于香港

上海派作家的台子。哈哈,酒任凭你喝,饭任凭你吃,歌可尽情听,舞可尽情跳,这儿没有悲哀,只有欢乐,开开心心又一夜。台上即使不讲声色犬马,也会谈文论艺,不月旦评同行,只挑剔自己。有一回,四位大哥要"刘阿斗"说说他们的作品,预作声明:不准盲捧,要讲良心。哈哈,"刘阿斗"什么都没有,只有良心。过来人一听,呵呵大笑:"好好好,沈西城侬讲!"小品文,讲人情世故,过老板一把抓。过老板点头微笑。欢场小说,光怪陆离,何老爷没话说。何行笑得胡子翘起来。科幻推理,没人比得过小方兄。方龙骧开心得一杯威士忌倒进口,揉着肚皮说个不停。说到歌词,有谁胜得过凤三哥?三哥笑得眼睛眯成一线。过来人道:"有一眼眼拍马屁,不过——""不过什么?"何行接口,"是事实。"众大笑。大块头凤三,整日笑眯眯,我叫他弥勒佛,他呵呵大笑:"人笑得多,没病痛,长寿。"此话确也,四大海派作家当中,他活得最长久。三哥 20 世纪 50 年代中期开始卖文,笔名有冯蘅、朱雀、司明。有一次在他家附近的皇后饭店喝咖啡,我打趣说他写文章杂七杂八,啥都写。他回道:"小开命好,侬老太爷,做建筑,发大财。我是一家数口等我吃饭,有人找我写文章,给我钱我就写;要不,手停口停,吃西北风!""文字生涯的苦况,到我跟姆妈吵相骂,翻了脸,离家出走,到洋场讨活,方才彻底明白。人情冷暖,穷呗,垃圾都要写。"

三哥仙逝,我追忆往事,想找他的文章,这才发现香港文化界实在亏欠了他。走遍书局,找不到凤三哥的单行本,仅有香港中文大学的小思老师为他出过一本小书《异乡猛步》,收集了 1955—1965 年用"司明"笔名发表在《新生》晚报副刊的小品。三哥 1950 年从上海来港,他自家说:"来到香港不久,我就卖文维生,一卖好几十年。文章不值钱,倒是所填歌词,到现在还有人晓得。"人人都知道《今宵多珍重》出自三哥手,还有呢?知道的人不多。让我来说给你们听,《红睡莲》《杏花溪之恋》《叉烧包》《高岗上》……芸芸作家当中,黄霑堪称有心人,他这样说:"中词西曲的高手是海派才子冯凤三(笔名司徒明),他把 *Mambo Italiano* 改成《叉烧包》(张仲文演唱,红遍歌坛)、*River of No Return* 译亦为《大江东去》(姚莉唱)、*Jambalaya* 变作《小喇叭》、*Seven Lonely Days* 化作《给我一个吻》(张露主唱),洋为中用尽地发挥,大有信手拈来即成妙谛的效果。这些歌词有时完全不管原词本意,只是照旋律去向,另填符合声情的新曲意,居然新词比原来英文版更深入人心。"深入人心又如何?一首歌词百多元,还不够三哥晚上喝酒的开销,哪能靠作词让妻儿活！只有写写,拼命地写！六七十年代,香港文坛三大写稿机器,便是三苏、宋玉和凤三,一天写一万五千字到二万字左右。估计三哥一生当中,起码写了近亿字,流传在世者,怕不到十万字吧！做作家,真倒霉。

喜欢时代曲的人,都以为凤三所填歌词当以《今宵多珍重》为第一,其实非也,要我选,我推《红睡莲》,原曲出自日本歌神古贺政男。古贺政男者谁？便是台湾时代曲之父邓雨贤的恩师,其于日本歌谣界之地位等同黎明晖之于中国。《红睡莲》1940年由李香兰首唱,香港张露随后再唱,中词即出于三哥之手,且来听听吧——

  看那花仿佛入梦/闭双目渐入幽梦/夜来香优美迷离/莲花更秀美/爱花齐来齐来问/为什么独眠/爱那花涓涓风姿/爱那花红叶绿/使你更要爱惜扶持

今夜窗外雨滴滴答答,独个儿家中听《红睡莲》,张露轻轻唱着"夜来香优美迷离/莲花更秀美/爱花齐来齐来问……"我入了神！是呀,"起(齐)来起(齐)来"！三哥起来,跳我们的蹦嚓嚓,好不？

对照记：张爱玲与汪曾祺

闫好丽

1920 年 3 月 5 日，按农历算刚好是正月十五，江苏北部高邮城一个旧式地主家庭里，一名男婴在元宵节的吉祥欢庆气氛中呱呱坠地，这名男婴便是汪曾祺。半年后的 9 月 30 日，也就是阴历八月十九，张爱玲在坐落于上海公共租界的张家公馆里出生。

张爱玲与汪曾祺，一个是早慧的天才，20 世纪 40 年代即以《传奇》《金锁记》等作品名满上海；一个大器晚成，直至 20 世纪 80 年代才以《受戒》《大淖记事》等作品给人耳目一新的刺激，接续五四文脉。作为同年出生并且闻名后世的现代作家，两人的一生却没有交集，一个向内地走，考取西南联大，定居北京；一个向外走，考取伦敦大学和香港大学，最后定居美国。不过，观照两人的人生轨迹与创作路径，有许多值得玩味之处。

家庭生活

汪曾祺的祖父汪嘉勋是清朝末科的拔贡，此后科举废除，没有机会考取更高的功名。拔贡是略高于秀才的功名，却不能做官，汪嘉勋就在家中经营产业，拥有两三千亩田地，开着两家药店、一家布店，高邮城主街有一半是汪家的。作为高邮城里顶有实力的人家，汪家却保留着很多旧式地主的特点，生活简朴，也免费为人医治眼疾。汪嘉勋曾教年幼的汪曾祺读《论语》、写八股文，赏给他一块紫色的端砚和好几本名贵的原拓本字帖，显示了一个封建家庭祖父对孙子的偏爱。不过，往前数汪家上几代的功名最高不过举人，所做也是"教谕""训导"之类清苦的"学官"，在高邮城中不算名门望族。

与汪曾祺相比，张爱玲的出身显赫得多。她的祖父张佩纶（1848—1903）是清末同光"清流派"的中坚人物，同治进士，官至翰林，继室李菊藕是晚清重臣李鸿章之女，也就是张爱玲的祖母。张佩纶宦海浮沉，命运大起大落，他与李鸿章的翁婿情更是野史中喜

张爱玲(中间者)八岁回上海,与表姐表弟合影

闻乐见的故事,晚清四大谴责小说之一的《孽海花》据说就是以二人为原型创作的,并极力渲染了张佩纶与李菊藕的才子佳人式团圆结局。换句话说,无论有没有张爱玲,他的祖父、曾外祖父都是正史里浓墨重彩的风云人物;而如果没有汪曾祺,汪嘉勋的大名便很可能被历史彻底淡忘。不过,等到张爱玲出生,张家已经没落,昔日的荣耀早已不在,父母与姑姑也不愿提起,张爱玲本人直到中学时期通过弟弟和阅读《孽海花》才知道一些家族往事。

张爱玲两岁随父亲到天津居住,八岁回上海,直至1952年离开,除赴香港读大学的三年,她在上海总共住了20余年。上海无疑是民国时期最摩登最现代化的城市,在接纳西方新鲜事物上,领风气之先,上海滩的故事直到今天仍为人们津津乐道,张爱玲的母亲与姑姑更是深受五四思潮影响出洋留学。张爱玲深切感受到遗老遗少与摩登上海的碰撞,她生活在一个新旧交替的家庭之中,一切都是新潮的,她的父母又是割裂的。用许子东解读张爱玲的话来说,"他父亲是个很没用的人,好像就做两件事情,读《红楼梦》和抽鸦片。一辈子不会赚钱,把家里的财政都败掉了"。张爱玲的母亲黄逸梵,本名黄素琼,门第同样高贵,祖父是名震一时的江南水师提督黄翼升。黄逸梵出嫁时的嫁妆相当丰厚,名臣之后与军门小姐,表面上的金童玉女,但二人的婚姻并不幸福。张爱玲的父亲张志沂七岁丧父,在李菊藕的教育下长大,古文、英文俱佳,却是典型的纨绔遗少,等他摆脱二叔张志潜的控制,移居天津,没多久便开始过起花天酒地、娶姨太太的生活。黄素琼觉察后,在1924年和小姑子张茂渊一同出洋,那一年张爱玲四岁,张子静三岁。张爱玲在《私语》中说,"最初的家里没有我母亲这个人,也不感到任何缺陷",母亲在的时候,每天早上她被女佣抱到母亲的床上,跟着她不知所云地背唐诗,这是她接受较早的教育。

1928年,张志沂赶走姨太太,从天津搬回上海,黄素琼回国,张爱玲迎来童年时代最幸福的一段时光。幸福的生活总是短暂,张志沂并未洗心革面,仍旧吸着鸦片烟,甚至想逼迫黄素琼拿出钱来,"他们剧烈地争吵着",1930年"终于协议离婚"。《私语》中,张爱玲说:"我把世界强行分作两半,光明与黑暗,善与恶,神与魔。属于我父亲这一边的必定是不好的,虽然有时候我也喜欢。"这里面有五四新文化影响的痕迹,新的就是最好的,但是她作品里弥漫着鸦片的烟雾与《红楼梦》的气息,是属于父亲那一边的。1934年,张志沂续娶孙用蕃。孙用蕃本是民国北京政府国务总理孙宝琦家的七小姐,等她出嫁时父亲去世家中已败落。中学时期的张爱玲便在后母的治下生活,拣她穿剩的衣服穿,有一件碎牛肉色的薄棉袍,没完没了地穿,不置办新衣。中学毕业,母亲为她升学的事回国,发生了一件改变张爱玲一生的事件,继母与父亲因为她去母亲那里住了两个礼拜而打她,并把她关在家里半年。张爱玲逃出来后选择与母亲生活。母亲的钱不多,让她在嫁人和读书中间做选择,张爱玲选择读书。

　　张爱玲与弟弟张子静大约是中国第一代离异家庭长大的子女,家庭关系之复杂远超今天人们的想象,一夫一妻,可以离婚,又可以娶姨太太。父母之间的不和与战争,深深影响了张爱玲的创作,她的小说主题永远是男女战争。与张爱玲封建又现代新旧交替时期的复杂家庭关系相比,汪曾祺的家庭单纯得多,开明得多,温馨得多。

　　汪曾祺的父亲汪菊生是个绝顶聪明而随和善良的人,爱跟孩子们玩,春天带他们放风筝,元宵节给他们做重瓣荷花灯,对他的学业关心而不强求。汪曾祺初中毕业后,父亲陪他到江阴投考南菁中学,住的茶庄臭虫很多,点一支蜡烛见到臭虫就滴上去,一夜未眠。17岁时汪曾祺初恋,在家写情书,父亲在一旁给他瞎出主意。在昆明读书时,父亲在信封里用玻璃纸包一小包"虾松"寄给他。可以说汪曾祺的成长过程中享受到了充足的平等而体贴的父爱,这固然和性别有关,更多的却是家庭环境的原因。对比张爱玲的弟弟,并没有因为所谓的性别优势而享受到更多的父母之爱,在新式学堂普及之时却延请塾师家中教育,理由是新式学堂苛捐杂税太多,背完《书经》进学校读书,没多久便出来做事。汪曾祺的生母杨氏在他不足三岁时去世,父亲续娶过两次,第二个继母任氏嫁过来时他17岁,没多久考取西南联大,数十年未回家乡。第一位继母张氏,钟爱汪曾祺,回娘家总是坐一辆黄包车搂着他。小学一年级的冬天,年幼的汪曾祺把大便拉在裤子里,张氏二话没说,赶紧烧水,给他洗屁股围棉被,洗衬裤刷棉裤,没有一句责备没有皱一下眉。在宽松友爱的氛围中长大的汪曾祺,自带从容优裕的气质,这也在一定程度上影响了他的文学风格。

求学生涯

时局动荡,两人的求学路都曾受到战争的影响。汪曾祺的小学、初中在本县就读。小学在一座佛寺的旁边,原来是佛寺的一部分,每天放学回家他"喜欢东看看,西看看";初中原是一个道观,名曰赞化宫,他的小说散文里经常写到寺庙、和尚与尼姑,比如早年的《复仇》《寺与僧》、晚年的《受戒》《和尚》《吴大和尚和七拳半》《仁慧》,和他本人经历不无关系。汪曾祺高中读的是江阴县的南菁中学,离高邮颇有些距离。高二时日本人占领江南,江北危急,他随着祖父、父亲在离城稍远的村庄小庵里避难,《受戒》即取材于这段经历。在小庵里,汪曾祺只带了两本书,《沈从文小说选》与屠格涅夫的《猎人笔记》,从中可见汪曾祺的文学趣味,并对他散文化的小说风格产生深远影响。1939年,他从上海经香港、越南到昆明考大学,发着高烧进考场,居然考中第一志愿——西南联大中国文学系。彼时日本侵华,国内多所高校内迁合并,最著名的就是清华、北大、南开三所学校合并而成的国立西南联合大学,大师云集。

如果不是战乱,汪曾祺不会到昆明读书,可他到底是幸运的,虽然因为体育、外语不及格从西南联大肄业,工作方面却较张爱玲顺利得多。他先是在昆明郊区一个联大同学办的中学教了两年书,又经李健吾介绍在上海一所私立中学教了两年书,1948年初春离开上海到北京,失业半年即到历史博物馆任职,1954年调至中国民间文艺研究会,1962年初调到北京京剧团当编剧,一直到退休。虽然汪曾祺曾被打为"右派",下放张家口沙岭子研究所劳动,相比于当时绝大多数知识分子的命运,他是非常幸运的一个。参加工作后,除去最初几年在私立学校教书(根据这两段经历创作了《老鲁》《星期天》),他一直待在体制内过着一种相对安稳的生活,并不

汪曾祺1947年5月在上海

依靠稿费为生。婚姻方面,他与施松卿相识于西南联大,施松卿是外语系才女,马来华侨,毕业后在新华社对外部特稿组工作,两人感情稳定和美,白头偕老。

张爱玲的读书生涯则要坎坷得多。张志沂在对儿女的教育上和他与民国世界总犯别扭的遗老遗少心态一样,拒绝民国普遍开设的新式学堂教育。十岁之前,张爱玲接受着旧式的私塾教育;十岁时,在母亲黄逸梵坚持下才进入上海的黄氏小学读书。张爱玲中学念的是圣玛利亚女校,这是美国教会办的学校,与圣约翰青年学校同为美国圣公会设立的大学预科性质的学校。张爱玲的偶像林语堂即从圣约翰青年学校毕业后到美国读书。读中学的张爱玲有海阔天空的计划,打算毕业后到英国去读书,"要比林语堂还出风头","要穿最别致的衣服,周游世界,在上海自己有房子,过一种干脆利落的生活"。

1938年英国伦敦大学在上海举行的考试中,张爱玲取得了远东地区第一名的成绩。欧战爆发,英国去不成,改入香港大学。在香港大学,她格外用功,门门功课第一,却因珍珠港事件导致香港沦陷,学校停办,所有文件记录被战火毁掉,她没有拿到文凭。1942年下半年,张爱玲从香港回到上海,与炎樱同进圣约翰大学,不久辍学,卖文为生。当时香港是英国人的殖民地,港大三年的读书生涯为张爱玲的创作打下了世界主义的视野,她最早写出的传奇都是香港传奇,《沉香屑:第一炉香》《沉香屑:第二炉香》《茉莉香片》《倾城之恋》都以香港为背景。1952年,张爱玲来到香港谋生,1955年前往美国,1956年与赖雅结婚,不久赖雅即瘫痪在床,为了生计她不得不大量创作剧本,也因为没有文凭找不到稳定工作。这段婚姻和她与胡兰成那段热烈又多角的关系,都让人费解,或许是某种程度的恋父情结所致。成年后的张爱玲始终对钱有着紧迫感,远离体制,过着一种漂泊的生活,靠稿费维持生计,她周岁抓周抓到的无论是钱还是笔,都预言了后来的人生;而汪曾祺始终在体制内的庇佑之下,他的成名代表作都写于20世纪80年代,在某种意义上是个晚熟的作家。

1955年,张爱玲离开香港前往美国前的留影

文学异趣

1944 年张爱玲在《天地》杂志发表《金锁记》,引来一些批评,最著名的是署名迅雨(傅雷)的一篇《论张爱玲的小说》,张爱玲看到后即写下《自己的文章》辩护。这篇文章中,张爱玲提出她的文学观,"我发现弄文学的人向来是注重人生飞扬的一面,而忽视人生安稳的一面。其实,后者正是前者的底子""人生安稳的一面则有着永恒的意味""它存在于一切时代""好的作品,还是在于它是以人生的安稳做底子来描写人生的飞扬的""我喜欢参差的对照的写法,因为它是较近事实的"。当诸多激进的革命的五四文学作品落幕,鲜少有人阅读,张爱玲作品的经久不衰或许与她的文学观不无关系,她愿意写的是人类永恒的一部分,有更持久的生命力。此时的张爱玲只有 24 岁,已经写出她最好的几部作品,并拥有如此成熟的文学观念,后来的几十年都没有超越。这在文学史上也并不罕见,有一类天才作家似乎没有尴尬期,一出手就是最优秀的作品,如曹禺的代表作《雷雨》也完成于 24 岁;鲁迅的《狂人日记》既是第一篇现代白话体小说,也是中国现代小说的最高峰。

汪曾祺更像一位现代文化教育培育出的至才,有写作的才华天赋,也有不断成长的轨迹,经过写作训练后逐渐臻于炉火纯青。他崇拜沈从文,辗转万里考取西南联大,沈从文开设的三门课"各体文习作""创作实习""中国小说史"他都选了,沈从文说的"要贴到人物去写"给他很大启发。汪曾祺早年的《复仇》《戴车匠》《绿猫》都比较稚嫩,《异秉》原载《文学杂志》1948 年第 2 卷第 10 期,1980 年重写。对比两篇文章,哪怕是不懂文学的外行也能觉出,1980 年重写后的《异秉》在语言、节奏和风格上更有汪曾祺文学成熟后的味道。

汪曾祺同张爱玲都是以现实生活为底子进行创作,两个人都不擅长发挥天马行空的想象力。不过,张爱玲的风格更像她自己的比喻,"悒郁的紫色缎子屏风上,织金云朵里的一只白鸟",霉绿斑斓的铜香炉,带着潮湿的旧贵族的虫蛀的气息,写来写去都是遗老的贵族的病态的故事,后期的《小艾》《十八春》(《半生缘》)有所突破,但其中最精彩的部分还是写遗老生活和姨太太之间的斗争。汪曾祺关注的是高邮城里与他此后半生里所遇的平凡的人与事,像《八千岁》穿的二马裾,《大淖记事》里巧云肩上挑的"紫红的荸荠、碧绿的菱角、雪白的连枝藕",是朴素的、平民的、健康的、自然的。汪曾祺在《我的创作随谈》中说,"文学是反映生活的,所以作者必须有深厚的生活基础"。汪曾祺喜欢到处看看的习惯为他小说中丰富精准的细节打下了坚实的基础。

两人都写过一种常见的食物——胡萝卜。张爱玲的《花凋》中郑川嫦生病前怕胖,"吃点胡萝卜同花旗橘子";另一篇《说胡萝卜》里主要记录了姑姑关于胡萝卜的一段话,胡萝卜是平民化的食物,不常出现在她们的生活里。而汪曾祺所关心的正是平民化的生活与食物,这也是一种文学姿态。在《昆明的果品》中,汪曾祺写西南联大的女同学吃胡萝卜,因为穷,也因为馋,昆明的胡萝卜是很好吃的。汪曾祺喜欢吴其濬的《植物名实图考》,对果品花木都很关注,他的笔下出现过杨花萝卜、紫萝卜、青萝卜、白萝卜、黄萝卜、小水萝卜、萝卜干、小酱萝卜、萝卜丝、萝卜皮,梳理一下能成一篇萝卜简史。

私以为,汪曾祺进入京剧团创作京剧期间,下功夫研读李渔《闲情偶寄》中戏剧的作法与他早年跟着韦子廉先生背诵了几十篇桐城派古文,对他文章的洗练与故事的结构,想必也有不小影响。汪曾祺说他的小说是散文化的小说,是废名一路的,他也是自觉远离五四文艺腔和革命激进派,想要通过文学的美来塑造人物,就像他自己说的"我希望我的作品能有益于世道人心,我希望使人的感情得到滋润,让人觉得生活是美好的。人,是美的,有诗意的""我愿意把这些朴素的信念传达给人"。他所喜欢的是《论语·子路曾皙冉有公西华侍坐》一节,喜欢曾点潇洒自然的生活态度,他戏称自己为"中国式的抒情人道主义者"(《我的创作生涯》),这用来评价汪曾祺晚年创作的思想内核是恰如其分的。

缘分几何

张爱玲小名叫煐,这是个生僻字,"张煐两个字嗡嗡地不甚响亮"(张爱玲《必也正名乎》)。在她十岁入学时,她的母亲随口将英文名字胡乱译了两个字,取名爱玲。在学校读书时,与她同名的人有两个之多,她自嘲自己的名字恶俗不堪,可为了取名字时的一点回忆,一直用下去。直到抗战胜利后,因她与胡兰成的关系,为躲避文坛攻击,有一时期用了极多的笔名,梁京、范思平、世民等均已被学界证实是其曾用笔名。无独有偶,汪曾祺也极少用笔名,新中国成立前写诗,偶尔用过"西门鱼"的笔名;新中国成立后在经受审查期间,不便用真名,发表作品时用过"曾歧""曾薏"为笔名(汪曾祺《致〈中国现代文学史资料汇编〉编委会》)。此外,他还用过曾芑、曾祺、曾淇、汪曾旗、汪曾琪等笔名,似乎很喜欢谐音字。两人早年都不喜欢用笔名,大约算是一点共通之处。

张爱玲远赴美国后,对国内文坛仍然有所关注。1990年2月,隐居洛杉矶的张爱玲看到汪曾祺的小说《八千岁》后写过一篇散文《草炉饼》,勾起她对上海沦陷后一段生活的回忆,"草炉饼"的叫卖声是属于那个时代的上海之音。不过,张爱玲并没有提及汪曾祺的名字,只用了"大陆小说《八千岁》"几个字。汪曾祺与张爱玲同年,张爱玲成名亦早,翻检人民文学出版社出的《汪曾祺全集》,只在1989年所写《重写文

1990年4月在滇西湖与青年作家们一起,左起:凌力、李林栋、汪曾祺、高洪波、陆星儿

学史,还不到时候》一文中提到,"还有许多作家,比如朱湘、刘延陵、梁遇春、罗黑芷……这些都不在文学史家的视野之内。更不用说张恨水、张爱玲"。只是在一长串被文学史长期忽略的作家名单里顺带提了一下。

1990年5月8日,时在北京大学读现代文学专业博士研究生的张国祯到北京城南蒲黄榆汪家拜访,这篇访谈在20余年后以《汪曾祺漫谈四十年代流行文学》为题发表在《中国现代文学研究丛刊》2015年第1期。谈话中,汪曾祺对20世纪40年代的许多流行作家做了评价,也有一段针对张爱玲的,是非常珍贵的资料。汪曾祺回忆1947年初到上海时,有女孩对他说,"你的小说很像张爱玲(指心理描写)",他才得知张爱玲在上海很流行,不过他认为现在国内和海外把她和鲁迅并列,捧得太高了,她"该是第二流作家,相当于美国的流行小说家"。对于张爱玲和当时文坛的流行作家徐訏、无名氏的比较,他说,"张爱玲有沧桑感,她是豪门之后,经历了大的变故磨难";又说,"张爱玲一个特点是俏皮,这种俏皮正是现在我们几乎所有女作家都普遍缺少的、看不到的,是一种

英国式的俏皮。表现出相当的机智,这是很难得的。行文上她绝不滥写,非常简练,简练到超乎平常的地步,可以说是惜墨如金,她的描写是非常节省,恰到好处的,可以说是文字家"。彼时,张、汪两人都还在世,正是海峡两岸"张爱玲热"兴盛的时期,汪老不愿意"谈话"被公开发表,自有其理由。20余年后公开,竟是汪曾祺仅有的对张爱玲的评价。

《天才梦》里有句惊世名言,"生命是一袭华美的袍,爬满了蚤子"。晚年的张爱玲离群索居,远离大陆和台湾地区的"爱玲热",频繁搬家,买杀虫剂,总觉得身边有虫子,似乎是早年的预言成真。1995年9月8日,张爱玲被发现死于洛杉矶的公寓,华丽的一生凄凉落幕。两年后的1997年5月16日,汪曾祺在北京因肝硬化引发消化道大出血去世。一个时代过去了。

张爱玲《天才梦》书影

上海"星期实验小剧场事件"
——从郑君里早年的一通佚简说起

金传胜　曹诚

1936年6月21日,上海星期实验小剧场在新光大戏院公演《都会的一角》《走私》《秋阳》三个独幕剧,因《都会的一角》中有"东北是我们的领土"等台词,被公共租界工部局勒令停演。紧接着,蚂蚁剧团预备在北京路湖社公演《走私》《毒药》《号角》三剧,亦遭工部局禁止。26日,海燕剧社在交通部广播电台播送话剧也被叫停。这一天,尤兢(于伶)、鲁思、莫思、张庚、柯灵、麒麟(陈鲤庭)、穆芳(赵铭彝)、于雯(欧阳山)等人联名于《民报·影谭》发表《反对工部局禁止演剧通启》,掀起了上海戏剧界争取演剧自由的斗争运动,对全国进步文化界产生了持久而广泛的影响。27日,南京《新民报》副刊《戏剧与电影》第16期积极响应。编者不仅发表《抗争!》一文,而且鼓励中国舞台协会、国立剧校、中国旅行剧团、联合剧社、公余联欢社话剧股等南京话剧团体予以声援。

同年7月11日,《戏剧与电影》第18期刊有一则《启》:"本期系电影专辑,一切关于戏剧之报导文稿暂停。又:余上沅先生应援事①取演剧自由战的来函及其他读者之文字,亦准下期刊出。"②7月17日,《戏剧与电影》第19期刊登《余上沅氏来函》《郑君里氏来函》两封书信,内容均与争取演剧自由有关。余上沅是国立戏剧学校的校长,代表南京戏剧界的声音;郑君里是上海星期实验小剧场的领导者之一,代表事件相关者的态度。其中《郑君里氏来函》一文内容如下:

(上略)报已读到,一份转交蚂蚁剧团,同朋看后,无限感奋!此种"埠际"的工作联络,前此未见过,深为剧运祝福!

来京事经与诸友商量,一肚子气,多欲发泄畅痛,在上海似在中国地界亦无上

---

① "事"疑为"争"。
② 编者:《启》,载《新民报》1936年7月11日第3版《戏剧与电影》。

能演可③,气不气人？事实上恐亦只能在外码头演出。惟小剧场人多吃影戏饭,日来多为摄影场工作室死。如新华赶《狂欢之夜》,明星赶《小玲子》,联华赶《迷途羔羊》,朋友都抽不出身来,奈何。事实上恐又不能不待缓一下。（下略）

郑君里：《郑君里氏来函》,载 1936 年 7 月 17 日《新民报·戏剧与电影》第 19 期

《戏剧与电影》创刊于 1936 年 3 月 15 日,第 1 期(称"露面号")的创刊词《"露面"致辞》署名潘孑农,同年 6 月 13 日该刊第 14 期曾登《孑农启事》,可证主编系潘孑农。潘孑农曾回忆："其时,阳翰笙已在《新民报》主编副刊《新园地》,我们就暂借该报编辑部作为编发宣传稿件,联络新闻文化界的中心。翰笙为人坦率诚恳,我和他接触既多,便由此成为莫逆之交。后来经他推荐,我编辑了《新民报》的《戏剧与电影》周刊。"因此,郑君里信函的受信人即《戏剧与电影》主编潘孑农。

"报已读到"中的报纸应指同年 7 月 4 日《戏剧与电影》第 17 期。本期为"争取演剧自由特辑",在《展开我们反帝的民族解放戏剧运动的战线！全国戏剧界团结起来,争取我们的演剧自由！》的总标题下刊出编者的《前奏》《信号》和中国舞台协会、中国旅行剧团、文殊(应即袁文殊)、国立剧校十七位同学对演剧自由的意见等。《信号》一文曰："我们为了开始反帝的民族解放歌剧运动底行动,已委托本刊上海特约通讯员向星期实验小剧场,及蚂蚁剧团的负责人接洽,要求他们联合来京,出演在上海被帝国主义的走狗们禁止演出的几个剧本。希望南京各剧团的朋友们,尽可能给我们一点正义的援助。"

据信中"一份转交蚂蚁剧团,同朋看后,无限感奋"推测,郑君里正是《戏剧与电影》"上海特约通讯员"之一。潘孑农显然将 7 月 4 日的《新民报》随函寄给了郑君里,请他接洽星期实验小剧场、蚂蚁剧团"联合来京"一事。郑君里对于潘孑农要求两剧团"联合

---

③ "上能演可"应作"上演可能"。

来京"的提议十分赞赏,随即与沪上戏剧同人商量此事。因剧人们大多吃"电影饭",目前正在参与《狂欢之夜》(史东山编导,金山、胡萍、周璇等主演)、《小玲子》(程步高导演,谈瑛、赵丹等主演)、《迷途的羔羊》(蔡楚生编导,葛佐治、陈娟娟、郑君里等主演)等电影的拍摄工作,"联合来京"之事只能暂缓。郑君里给潘孑农的这封回信当写于1936年7月5日至16日间。

早年的潘孑农

郑君里结识潘孑农的时间尚不清楚,但依据诸多线索可大致推断出来。1929年,田汉领导的南国社曾在南京举办两次戏剧公演。潘孑农在《我所认识的洪深》中回忆道:"我和洪深教授相识较晚,是在一九二九年他随'南国社'同去南京之时。"④可知当时身在南京的潘孑农与南国社成员洪深已有交往。1930年夏,曹剑萍、翟开明、刘祖澄、潘孑农、赵光涛等在南京发起组织开展文艺社(亦称开展社),出版《开展》月刊。其中赵光涛(时任江苏省立南京民众教育馆馆长)曾支持南国社在宁公演,参与组建南国社南京支部,与社员郑君里十分相熟。1931年夏秋间,作为开展文艺社主要负责人之一的潘孑农有搬演《怒吼吧,中国!》(苏联特列季亚科夫⑤原著)一剧的打算。8月24日,上海《文艺新闻》第24号"每日笔记"栏内一则讯息称:"开展社前有于十月初公演《怒吼吧,中国!》消息,日来正积极进行,闻已聘定马彦祥、袁牧之、应云卫等为公演之负责帮忙者。"9月1日,上海《新时代》第1卷第2期刊有一则题为《潘孑农返京》的文坛消息:"开展文艺社主干潘孑农月前因事来申,勾留达两星期之久,闻其日内即返京筹备《怒吼吧,中国!》之公演云。"⑥10月1日,该刊第1卷第3期刊出一则消息:"南京开展文艺社戏剧组,定于十月六、七、八三日,借座中央大学礼堂,举行第一次公演,主要剧目为《怒吼吧,中国!》,由戏剧家马彦祥、袁牧之两氏导演。闻前南国社员郑重、吴似鸿女士等,均在剧中饰要角。"⑦郑重即

---

④ 潘孑农:《舞台银幕六十年——潘孑农回忆录》,江苏古籍出版社1994年版,第16页。
⑤ 当时的中译名有特来却可夫、特里查可夫等。
⑥ 荷:《潘孑农返京》,载《新时代》1931年第1卷第2期。
⑦ 于晨:《开展社公演〈怒吼吧,中国!〉》,载《新时代》1931年第1卷第3期。

郑君里。虽然开展社戏剧组公演《怒吼吧,中国!》的计划最终没有实现,但上述消息言之凿凿,当是可信的。由此说明,郑君里与潘子农的订交不会晚于1931年。

星期实验小剧场是郑君里与徐韬、赵丹、王为一等人于1936年初夏组建的剧团。郑君里不仅参加了1936年5月底该剧团的第一次公演[8],还专门写过一篇《我对于星期实验小剧场的希望》。《富有经验和修养的青年戏剧家——郑君里》一文说:"实验小剧场成立的时候,他也是一个有力的干部,那时候演了约翰·李特的《自由》,曾博得大家一致的赞美。"[9]蚂蚁剧团的前身是蚁社话剧会[10],成立于1931年上半年,宗旨是"用话剧来推进中国的文化运动"[11],主要负责人是李伯龙。蚂蚁剧团自1933年开始话剧演出,将田汉的《生之意志》《姊姊》《梅雨》《战友》等进步话剧搬上舞台,推动了左翼戏剧运动的发展。

在潘子农的主持下,《戏剧与电影》周刊持续关注与报道争取演剧自由运动的进展。1936年7月28日,《戏剧与电影》"版外"刊登新闻《全国戏剧界发动争取演剧自由运动》(作者未署名,当系潘子农)。据文章记载,上海戏剧界同志一度集会讨论,决议推定洪深起草《中国戏剧界为争取演剧自由宣言》。本宣言已寄到南京,田汉、余上沅、阳翰笙、马彦祥、孙怒潮、赵慧深、潘子农等业已签名。潘子农随后照录了宣言的原文。8月1日,《戏剧与电影》第21期预告"不日当同时在京、沪、杭各地报纸载出",又说星期实验小剧场、蚂蚁剧团和海燕剧社积极筹备下期公演。8月8日,该刊第22期亦有跟进报道。8月29日,该刊第25期透露《中国戏剧界为争取演剧自由宣言》"已译成各种文字,寄发国际间,求正义之援助"。9月9日,该刊第27期"剧影新闻"谓,因部分参加签署者并非戏剧工作者,《中国戏剧界为争取演剧自由宣言》改题《中国文化界为争取演剧自由宣言》,"业经译成英法文字,寄发各国文化戏剧团体,日内并即将在京沪及各地报纸披露"。9月14日,《中国文化界为争取演剧自由宣言》在该刊第28期发表。其实,这份宣言书的主体内容与7月28日刊出的《中国戏剧界为争取演剧自由宣言》几乎一样,仅将"中国戏剧运动者"改为"中国文化运动者",增加了个别文字。除前述人物外,

---

[8] 参见《星期实验小剧场第一次公演阵容》,载《民报》1936年5月29日"影谭"。
[9] 守基:《富有经验和修养的青年戏剧家——郑君里》,载《中国电影》1937年第1卷第7期。
[10] 海马:《蚂蚁剧团的过去》,载《蚂蚁》1935年第25、26期合刊。
[11] 谷:《蚁社的文化运动与话剧》,载《蚂蚁》1935年第25、26期合刊。

郑君里、蔡楚生、欧阳予倩、史东山、司徒慧敏、陈白尘、阿英、王莹、任光、孙瑜、冼星海、徐懋庸、荒煤、袁牧之、张庚、舒群、费穆等一百多人联合署名。几乎同时，这份宣言亦发表于上海《救亡情报》第 18 期、《生活知识》第 2 卷第 9 期等报刊，显示了进步文化人反对压迫、追求自由的共同立场。

　　星期实验小剧场停演事件对中国现代左翼文化运动影响颇大，不仅引发争取演剧自由的斗争运动，还催生了不少表现或纪念此事的文学作品，例如散文有柯灵的《未终场》，剧本有陈白尘的《演不了的戏》、严恭的《开演之前》等。值得一提的是，20 多年后，郑君里曾在《银幕上再现聂耳的英雄形象——影片〈聂耳〉导演后记》忆及这一事件："有一次，上海星期实验小剧场在新光大戏院演出《都会的一角》，因其中有'东北是我们的领土'一句台词，遭到公共租界工部局的无理禁演，敌人开来'飞行堡垒'，派来大批中外警捕，包围戏院，如临大敌。当时许多演员、观众都气哭了，也真有人一拳打在墙上，打得皮破血流。"⑫ 1959 年，郑君里执导的著名传记电影《聂耳》特意将聂耳登台演奏《国际歌》的情节与这一真实历史事件糅合在了一起，"加强了它的战斗意义"。《郑君里自编年表》也在 1936 年内记有"6 月 21 日，星期实验小剧场演《走私》《秋阳》《都会的一天》，工部局禁演"⑬。这里的《都会的一天》应作《都会的一角》，是夏衍 1935 年的话剧处女作。

　　《郑君里全集》首次以全集的形式汇集、整理了目前已发现的郑君里留存下来的著作、剧本、笔记、论文、日记、随笔等各种文字。除第 3 卷收入以书信形式撰写的《边疆各族演剧问题》一文、第 7 卷收入《有关〈聂耳〉致于伶的信》外，其他信函并不多见。《郑君里自编年表》显示，1928 年春"学院同学去西湖旅行，我交不出 8 元，未去；在报上发表致同学信，困住杭州写《湖上悲剧》"⑭，但未提及这封信发表的具体时间与刊物。南国艺术学院师生赴杭旅行的时间是 1928 年 4 月中旬，旅行团曾发行油印的《南国西征日报》。因此郑君里致同学的公开信可能发表在这份已散佚的报纸上。本文披露的这封信函虽被"掐头去尾"，但作为郑君里存世最早的函札，可谓弥足珍贵。

---

⑫ 《郑君里全集》第 1 卷，上海文化出版社 2016 年版，第 397 页。
⑬ 《郑君里全集》第 8 卷，上海文化出版社 2016 年版，第 216 页。
⑭ 《郑君里全集》第 8 卷，上海文化出版社 2016 年版，第 211 页。

民国沪上的《啼笑因缘》反案小说

宋海东

1930年3月17日,张恨水的长篇说部《啼笑因缘》跃入上海《新闻报》副刊《快活林》,至11月30日方刊毕。小说连载如同连台戏剧一般,诱惑万千读者一期期看下去,作品中的人物和情节一时间成为黄浦江畔市民的热门话题,《新闻报》销量也史无前例地突破20万份。世人惊呼:"民国章回小说的真命天子降世了!"当年12月,上海三友书社推出《啼笑因缘》单行本,连印13版,后又付梓正续集合刊本,至1948年共计印行22版。正版之外,盗印本亦滚滚而来,仅我所藏所知的便有十余种,海外甚至有日译本行世。可以说,《啼笑因缘》的横空出世,引发了中国现代文坛的一场强震,而"震中"便是上海。

三友书社1930年12月版函装《啼笑因缘》

由古迄今,一旦出现风行坊间的小说,往往吸引来效颦者或逐利者制造出一些续作和反案小说(也有学人称作"翻案小说"),《啼笑因缘》亦未摆脱这种命运。其续作权且按下不表,仅就以推翻原著在读者头脑中"定见"为己任的反案小说而言,已知的有5种,且同样诞生于民国沪上。

康尊容著《新啼笑因缘》

《新啼笑因缘》由上海紫罗兰书局于1933年4月出版,署名为"禹航康尊容",32开,20回,348页。

在自序中,作者坦言:"本书原想撰成三十回然后付梓,现在因为有了他种关系,只凑付了二十回便发行了。时间的局促,真是异乎寻常。陆续撰稿,陆续排印,连复核一遍的工夫都没有,校样又不是我自己担承,错误的地方自然是不会少的。"

紫罗兰书局1933年4月版康尊容著《新啼笑因缘》目录及正文

该作虽冠以"新"名，突出的却是一个"反"字，竭力挣脱原著巨大的投影。

原著叙述杭州富家子弟樊家树到北平求学，寄寓表兄陶伯和府邸。未几，樊家树结识俊俏的鼓书女郎沈凤喜，心仪不已；同一时段，豪门小姐何丽娜正狂热追求樊家树，樊家树鄙视她的奢华浮嚣，敬而远之。在樊家树回杭探母期间，沈凤喜被军阀刘德柱威逼利诱纳为妾，并最终遭折磨致疯。同样深爱樊家树的女侠关秀姑出于义愤，施计刺杀刘德柱，随后促成樊家树与洗尽铅华的何丽娜结合。

而在《新啼笑因缘》中，樊家树已经堕落为一个偷香窃玉的阔少；沈凤喜则乌鸡变凤凰，蜕变为雍容华贵的大家闺秀；陶太太不复为原著中那个热心快肠的可亲表嫂，居然系烟花女子出身，婚后红杏出墙；书中也设计出一个唱大鼓的姑娘沈灵芝，交际广阔，与陶伯和发生畸恋，并最终与之结合；至于何丽娜，为大学校花兼沪京两地的交际花，身边爱慕者无数，却偏偏欣赏风流倜傥的樊家树。樊家树是这部小说的绝对核心，差不多所有主次要人物都是因他而生，所有故事情节都围绕他展开。他初见表嫂何太太，就置伦理纲常于不顾，与之互送秋波，促使其与表兄离婚，据为己有；当他在北京饭店舞场见到沈凤喜，一时惊为天人，倾慕不已；在胡同里与小家碧玉关秀姑邂逅后，他又施展金钱手腕、搬弄花言巧语，骗得对方失身；至于何丽娜，他虽不甚动心，但亦来者不拒，并与之订婚。换言之，该作不仅照搬原著一男三女四角关系，还将其拓展为一男四女五角恋爱。然而，故事最终以悲剧告终。樊家树先是以莫须有的罪名被关外军阀刘将军逮捕，沈凤喜也慑于淫威与刘将军之子刘望祖订婚。刘望祖乃花花公子一枚，随后又在舞场一掷千金，征服何丽娜。幸亏关寿峰携弟子救出樊家树，并在西山刺杀刘将军。樊家树孤身返回南方，满怀希望要与何丽娜完婚，不料收到法院送来的传票，被迫与何丽娜解除婚约。

在沪上通俗小说家中,康尊容的文笔堪称上乘,各色人等的语言行为描述得惟妙惟肖,如武夷九曲,迤逦写来。单就艺术性而言,该作是各种《啼笑因缘》反案小说中出类拔萃的一部。当然,此作亦有硬伤,一是正因为计划写 30 回的作品仅到 20 回便刹车,作品后半部节奏骤然加快,收场更是过于急促;二是通篇只有一个"情"字,而且系滥情,膨胀着肉欲,远不及原著格调高,尚未彻底逃脱艳情文学的窠臼。总体来讲,《新啼笑因缘》属于一部媚俗趋时的长篇说部。

徐哲身著《反啼笑因缘》

徐哲身著《反啼笑因缘》又名《啼笑鸳鸯》,40 回,28 万字,在各种《啼笑因缘》反案作品中篇幅最长。

该书由上海锦文堂书局 1933 年 10 月初版,名为《啼笑鸳鸯》,分订 4 册,32 开,封面书名和著者名均由梅兰芳题写,版权页印有《潘仁希律师续任上海锦文堂书局常年法律顾问并代表为反啼笑因缘声明著作权启事》。同一时期,更名为《反啼笑因缘》出版,同样分订 4 册,32 开,封面书名由南社文人饭牛翁即戚饭牛题写,网上二手书店有残本出售,可惜其他版本信息不详。另外,江苏古籍出版社 1989 年 10 月亦以《反啼笑因缘》为名付梓该作,系"民国通俗小说选刊"丛书之一,32 开,正文 359 页,书前有范伯群《通俗小说中的"续作"和"反案"热》代序。

上海锦文堂书局 1933 年 10 月初版徐哲身著《啼笑鸳鸯》书影　　江苏古籍出版社 1989 年 10 月版徐哲身著《反啼笑因缘》书影

矛盾错综、交汇翻腾的《反啼笑因缘》,焦点人物依然是樊家树。他出生在上海一个大富之家,父亲健在,有一刻薄后娘,逼迫樊家树娶其表姐顾眉香。为逃避这段婚姻,他以求学为名来到北平。北国对于樊家树而言堪称"花国",下至妓女小珍珠、天桥鼓娘沈凤喜、交际花赵娥姁,上至富家千金何丽娜、何美娜和女侠关秀姑对其青睐有加,追随而来的顾眉香亦对其念念不忘。樊家树游走其间,迷茫徘徊,最终莫名其妙地爱上关秀姑。当然,既曰"反啼笑因缘",就不可能走原著老路。第一种"反"法是将多位原来的主要人物边缘化,作品中除去樊家树、关秀姑维持原有重要地位外,何丽娜、沈凤喜均是直到第17章才现身,而且她们存在与否根本不能左右故事情节发展。相反地,顾眉香、赵娥姁、陈更生这些"无中生有"的人物在小说中不可或缺,使情节脱离旧轨,别开生面。第二种"反"法是改变人物性格,甚至与原著判若两人。如樊家树,不再是那个一往情深、成熟稳健的男人,而是弱不胜衣、柔懦寡断、挥霍无度;又如陶伯和,终日纵情声色。第三种"反"法是巧合不一样,原著中何丽娜与沈凤喜相貌酷似,《反啼笑因缘》反其道而行之,让关秀姑与顾眉香仿佛是一个模子里刻出来的,并因此滋生出诸多误会。第四种"反"法是情节与原著详略颠倒。凡原著未尽情展开者,《反啼笑因缘》大肆渲染,节外生枝;凡《啼笑因缘》详写者,《反啼笑因缘》一笔带过。如对樊家树与沈凤喜从相识到劝其弃艺入学,原著花费了4个章回,在徐哲身笔下仅两三千言。第五种"反"法是结局相反,原著中樊家树先后爱上沈凤喜和何丽娜,独对关秀姑无动于衷,《反啼笑因缘》另辟蹊径,探索一种最无可能的可能性,选择让樊家树与关秀姑结合。

《反啼笑因缘》每一回结尾处,均有一段所谓的"枕亚评曰",即徐枕亚对本回结构、内容、文字的简短批语。徐枕亚是清末民初的一位江南才子,早年凭借小说《玉梨魂》名噪天下。但据1934年1月24日《福尔摩斯》和1934年1月30日《新北平报》的报道,徐枕亚当时为此发表声明,称自己并未参与撰著该书,而且认为锦文堂书局主人李鼎臣所为侵犯其名誉,诈欺取财。徐枕亚为此状告锦文堂书局,要求赔偿损害费两万元。《福尔摩斯》的报道还云:"锦文堂书局主人李鼎臣被控后,据说,也延有律师具状辩诉外,并涉及小说家徐哲身,说当时该书由哲身从中介绍,且有稿费付给徐哲身,所以现在对于哲身,已提起诈财之诉。"这两件连环诉讼案判决结果如何,尚未见报道。

说起来,在《啼笑因缘》反案书作者中,徐哲身名气最大、辈分最长。此人出生于1884年,虽非"鸳鸯蝴蝶派"绝顶高手,亦称得上一个叫座的响档,一生中写下众多言情、武侠、侦探、历史小说。尽管徐哲身的人气和实力较之张恨水高下立判,但与徐枕亚比较,倒也不见得差了许多,大可不必盗用人家的大名。

必须承认,与打通雅俗的原著不同,《反啼笑因缘》是一部纯旧派小说。首先是传奇性超越现实性。在《通俗小说中的"续作"和"反案"热》中,范伯群一语破的:"徐哲身为了将樊家树与关秀姑拉扯到一起,就任意夸大关秀姑的本领,又编造了许多关秀姑拯救家树父母和眉香母女的离奇情节,俨然成了两家的救命恩人。樊、顾两家原欲结秦晋之好,最后不得不因关秀姑的恩重如山而同意樊、关结合联亲。至此,关秀姑非要成为一个有神力的女侠不可,作品也因此大大增加了莫名其妙的'神奇性',这就全赖于徐哲身施展他的不合情理的主观随意性。"其次是不能客观描摹社会。徐哲身系浙江人,成年后曾赴日本留学和赴四川为官,更多的时候定居上海。张恨水曾在回忆录《我的写作生涯》中斥责《反啼笑因缘》"自始至终,将我那故事,整个的翻案。执笔的又全是南方人,根本没过过黄河。写出的北平社会,真是也让人又啼又笑"。另外,其文笔未脱近代言情小说的脂粉气息,部分情节内容有低俗之嫌。

吴承达著《啼笑皆非》

《啼笑皆非》的作者吴承达系《大侦探》《电影新闻》等民国杂志发行人。该作发表于 1932 年出版的《礼拜六》周刊第 480—500 期。第 480 期连载使用的篇名为《反啼笑姻缘》,第 481—483 期订正为《反啼笑因缘》,从第 484 期起又更名为《啼笑皆非》。

我读过该作的前三个章节共计 20 期连载,现将主要内容概括如下:故事发生在 1932 年"一·二八"淞沪抗战后的上海,《啼笑因缘》中的关键人物尽数现身。樊家树是一位来自杭州的富家子弟,来沪不久后在某酒店屋顶花园邂逅女招待沈凤喜,一见倾心,将她安排到某中学高小部插班学习。与此同时,他考入江湾大学,与风华绝代的"江大皇后"何丽娜同窗。在表嫂陶太太牵线下,樊家树与何丽娜渐趋熟络,何丽娜对樊家树芳心暗许。后何丽娜遭遇劫匪绑票,女侠关秀姑出手营救,使之脱险。当樊家树前往何家为何丽娜压惊时,第一次见到英姿飒爽的关秀姑,不久便大胆地向关秀姑表达了钦慕……我所读到的《啼笑皆非》,至此终止。

《礼拜六》周刊第 480—500 期连载的吴承达著《啼笑皆非》

作者曾在"引言"里交代,该作的"反"法为"是把性格来反……比如樊家树多情少年,反他为滥情"。原著中的男主人公虽然赢得三个女子的芳心,但他实为专情男人,从未与关秀姑发生暧昧关系,在与沈凤喜相处期间,也从未接受何丽娜的爱。而按照吴承达的"反"法,樊家树实为泛爱主义者,这部小说的后半部分我未曾见识,但据已阅读的文字,可推知他应当是踟蹰于何丽娜、沈凤喜、关秀姑之间,一树一菩提,一花一世界,哪种美都想领略。而且,不单樊家树的秉性在书中反得彻底,原著中那个市井混混沈三玄也改头换面,华丽转身为正气凛然的书生;至于原著中爱慕沈凤喜的沈国英,不仅身份转换,连性别居然也有变,成为沈凤喜的女同学。

与原著中西杂糅的写法不同,《啼笑皆非》全盘挣脱章回小说的束缚,创作手法愈发趋向西化,更多地使用新文艺腔。然而奇葩的是,该作在每期的收尾都附有一段文言点评文字,不伦不类。

这部小说之后是否在《礼拜六》继续连载,不得而知,尚待高明补充。

沙不器著《反啼笑缘》

上海紫罗兰书社1933年4月版《反啼笑缘》

《反啼笑缘》,初以《反啼笑》一名连载于上海《大罗宾汉》报,未完;后由上海紫罗兰书社1933年4月初版,分订上下两册,20回,近18万言。作者沙不器亦为"鸳鸯蝴蝶派"作家,惜乎作品不多、声名不彰。

毫无疑问,别出机杼的《反啼笑缘》,是"反"得最坚决的一部《啼笑因缘》反案书。一是故事发生地从北平搬到上海和苏州、无锡一带;二是主要人物姓名均有变动,如沈凤喜更名为"孙凤熙",樊家树更名为"范稼儒",何丽娜更名为"胡莲娜",关秀姑更名为"关绣姑",关寿峰更名为"关绶风",刘将军则改称"柳将军";三是人物禀性乾坤大挪移,范稼儒、胡莲娜、关绣姑、关绶风这些人物形象皆成该作攻击靶心,而孙凤熙和柳将军是书中仅有的两名主要正派人物。

其故事梗概如下:黄浦江畔的贫家女孙凤熙与来自杭州的大学生范稼儒一见钟情,

同居一室。范稼儒实为纨绔子弟,同时又骗取与孙凤熙相貌酷似的沪上交际花胡莲娜欢心。范稼儒后因故回杭,途中遇到以关绥风、关绣姑父女为首的太湖土匪劫车,并被诱加入匪帮,与生性泼辣淫荡的关绣姑走到一起。怀有身孕的孙凤熙见心上人一去不还,只身出门寻访,被拐子骗入太湖匪窟,与范稼儒邂逅。范稼儒不肯接纳孙凤熙,关绣姑更是飞脚将孙凤熙踹下山。后孙凤熙幸遇好心村民搭救,产下一子,并遭刺激成疯。村民将她送入一家军队医院,几日后便康复,并向军中柳将军坦陈自己身世和太湖匪窟情况。不久,关绣姑寻刺孙凤熙不成,反遭生擒,供出匪窟秘密通道。柳将军巧施妙计,一举攻克匪窟,擒拿一众匪徒,漏网的范稼儒则暴尸街头。胡莲娜转而追求年轻有为的柳将军,但落花有意,流水无情,柳将军选择与贤淑可人的孙凤熙结为连理。小说收尾处,奇峰突起,写北方形势愈发紧张,柳将军率部开赴前线保家卫国。

《反啼笑缘》远非一部优秀的通俗小说,这不仅仅在于它充斥过分的描写和溢恶的形容,内容上更是漏洞百出,略举几例:一是孙凤熙明明知晓太湖匪窟秘密通道,为何不向柳将军透露?二是孙凤熙在苏州产下一子,被遗弃在村民家中,之后是否接回此子居然未著一字。三是行文拖沓,一些三言两语可交代清楚的情节却再三赘述,读来令人昏昏欲睡。四是文字病害较多,其中一处居然将柳将军误称作"刘将军"。

沙不器著《续反啼笑缘》

在上海紫罗兰书局初版的《反啼笑缘》一书中,刊有一则图书广告:

> 阅者注意
> **续反啼笑缘**
> 内中情节　更为突奇
> 今将脱稿　不日出版

该书尾声,还有如此一段话,透露《续反啼笑缘》的故事走向:"要知柳将军到东北干出些什么惊天动地的事,关绥风、关绣姑怎样戴罪立功,以及胡莲娜、孙凤熙的后文如何,请待《续反啼笑缘》

上海紫罗兰书社1933年4月版《反啼笑缘》上刊登的《续反啼笑缘》出版广告(修裁)

中,更有惊人情节出现。至于正集,就在此告一结束了。"

这部书应该同样由上海紫罗兰书局出版,但我至今尚未见到实物现身。

归纳下来,上述《啼笑因缘》反案小说的作者除去徐哲身,余者皆非入流作家,这也直接导致大多数反案小说无法模仿到原著的大器和风范。诸如,有些作品一味追求迎合小市民心理,或满纸溢恶,或近于淫亵,游戏成分居多;有些作品文字拙劣,甚至频频出现语法方面的硬伤;有些作品在情节上显得捉襟见肘,缺乏精巧的运作调度,结构上无法达到合榫严谨的境界;等等。当然,也不单单《啼笑因缘》如此,古今中外绝大多数续作和反案之作都落下狗尾续貂的骂名,似《荡寇志》《斯佳丽》这般的上乘之作实属凤毛麟角。

无可置喙的是,《啼笑因缘》的反案小说亦有可取之处。

其一,这些作品以广阔视野,展示20世纪30年代形形色色的众生相,为我们留下大量的社会与民俗资料。从地域空间上讲,反案之作不再局限于原著中的平津二地,而是覆盖东北、华北、华东十余个省市,地方文化丰沛;就社会阶层而言,涵盖军、政、警、学、农、商以及梨园、青楼、佛门内各界人士的生活动态。

其二,徐哲身著《反啼笑因缘》、沙不器著《反啼笑缘》和《续反啼笑缘》中,聚焦关氏父女、沈国英、柳将军、樊家树、何丽娜等民族精英,弘扬御侮爱国思想,同时有更多作品宣扬关氏父女锄强扶弱的中华传统美德。

其三,这些作品从整体上讲都称不上精品,但一些章节亦偶见精彩片断,刻画深度不亚于原著,仿佛戏剧舞台上的折子戏一般,局部见亮点。

其四,尽管有些作品主题欠深刻,但为市民阶层提供了一扇茶余饭后适性陶情的窗口;或者说,这些通俗小说是市民阶层的"家常菜",虽比不上山珍海味,却颇对胃口,不可或缺。

海派画报搜求录

谢其章

已故张伟先生曾约我写一本专门谈民国画报的书,他知道我发表过若干篇谈画报的文章,叮嘱我新书里不要收旧作。张伟的严格要求让我犯难,过了一段时间,我和他解释写不了这本书,现在来写这篇小文,算是表达一点儿歉意吧。

一

"不见可欲,使心不乱",某些东西你没见过的话,很难引起你收藏的欲望。30多年前在琉璃厂旧书店闲逛,最先感兴趣的是1986年上海书店影印的《良友》画报,定价2600元实在辣手,等我1989年有心买时,海王村中国书店三门直接涨到5200元,价格翻了一番,彻底断了念想。从《良友》画报开始,燃起了我搜求民国画报的热情。海王村东廊中国书店种师傅给我找了不少民国文艺期刊,偶尔也夹带些大画报,比如《生活》画报,在当年颇有点儿"不登大雅之堂"的味儿。《美术生活》是上海出品的名牌画报,也是东廊另一位师傅卖给我的,查1990年4月17日日记:"海王村孔师傅给我留了些《美术生活》,我印象中自己没提过这要求呀,图像精美,十来本全要了,花去近两百元,挺好的东西可惜不全。"《美术生

《美术生活》封面画

活》共出41期,始终没有集全,倒是搜得创刊号,聊以慰藉。现在市面上有了全份影印版《美术生活》,而我已意兴阑珊,豪情不在。我曾写有"《美术生活》向鲁迅借了什么画?"因为鲁迅日记1935年4月3日有记"午得美术生活社借画费五元",我查了自存的二十来期《美术生活》,并没查到线索,也许全套影印本可以查到吧。

海王村20世纪初辟建为公园,不大,甚至不如王府的后花园大。林海音在《家在书

坊边》里写道:"说公园,其实是一处周围有一转圈房子的院落而已。院中有荷花池、假山石,但是平日并没有人来逛。"海王村公园不知什么时候归了中国书店,北面主楼(俗称"三门")是中国书店总部所在地,读者到此,望之俨然,不敢进去,其实里面一间很大的房间有许多书架,对读者是开放的。只是那个老店员(姑且隐其名)是个"势力眼",瞧见不像专家学者的我们,常常关灯逐客。已故藏书家田涛有本事在这里的"内柜"买到外面见不到的古书,琉璃厂这条街的旧书店,店家有珍本古书会主动拿给他看。主楼往南延伸出两条长廊(房子),称东廊和西廊。西廊对着大街开了好几个门,人来人往,卖的是普通书;东廊则很隐蔽和神秘,一长溜房间似乎只有两头有通道,三拐四拐,不得其门而入。后来我才明白东廊也可算作"内柜",有别于"三门"的"内柜",东廊是民国旧书旧杂志的内柜。如果我只是在西廊徘徊,而不是鬼使神差地钻进了东廊,没有在东廊迈出集攒民国画报的第一步,也许写不成这篇小文。

二

东廊的美好岁月只有三四年的光景,由于我的主项是民国杂志,没有穷追老画报,记忆里除了上述的几种上海所出的画报,再有的就是北京的《立言画刊》,第 1—200 期连号,天花板级的书运。对了,种师傅还卖给我四大厚本《点石斋画报》,这可是海派画报祖宗辈级的东西。

东廊的画报之旅结束,我的画报集攒却很长一段时间没有远离东廊也没有离开中国书店。中国书店每年的春秋两季书市一直在海王村院子里举行,东廊也在书市上设个摊位,我却再也没有在那见过画报,我知道以前种师傅是从大库(中国书店库房)里单给我开的小灶。我在书市里从王永志师傅手里花 1000 元买了《大众画报》第 1—3 期。王师傅是中国书店期刊门市部的老职工,懂外文,他推荐我买英国老牌幽默画报《笨拙》两大厚合订本(两年的)。《北京青年报》曾发表过报道王永志师傅的文章《请到中国书店来找我》。王师傅在六里桥期刊库房干过,后来到西单横二条期刊门市部,再

《大众》画报

往后我就没见过他了。忽然又想起一件事与王师傅有关,王师傅闲的时候就在店里修补旧杂志,我有一本《真相画报》不但是王师傅补的封面,还有红铅笔写的刊名。

《大众画报》是梁得所辞别《良友》画报后创办的,关于梁得所杰出的编辑大型画报的才能,我写过几篇小文,其中《张学良资助梁得所办〈大众画报〉》尤为动情。寒舍所存海派画报只有两三种是首尾相接全份无缺的,承横二条期刊门市马经理厚待,先后卖给我一套半《大众画报》,半套在先,马经理拆了多半套合订本成全我的求全之愿,一整套在后。曾写过《横二条,我的琅嬛福地》,其中在这里买过多少海派画报,还须算一笔细账,查日记,查书账,马上能浮现在眼前的有《世界画报》《声色画报》这几种产自上海的画报。忽然又想起一件可笑的事情,那天在横二条买到一沓单张四开画报,破天荒地打车回家,坐在副驾,急不可待地翻看,翻了一张接一张,的哥不乐意了:"您别翻了,挡着后视镜了。"

三

单张画报可以单独说一说。画报在初期阶段即是单张形式,如《点石斋画报》《飞影阁画报》,骑马订装帧的画报稍迟,两者并行了很长时间,单张画报20世纪40年代终至消亡。单张四开画报出期过千的,北方是《北洋画报》,1500余期,上海则是《上海画报》,900余期。我曾在报国寺旧书摊一次购得100余期《上海画报》,花费不到500元,按现在的行情大概只能买一期吧。听说收藏有全份《上海画报》的只有上海藏书家瞿永发一人。

单张四开画报最火热的时段是20世纪二三十年代中间的十余年,寒舍存《中国摄影学会画报》(简称《摄影画报》)第250号(民国十九年八月九日),本号是《摄影画报》五周年纪念号。这期有两篇史料性文字,戈公振《画报的责任与前途》和泽苍《画报潮之重兴》。戈公振称"报纸记载新闻,以真实为主,图画乃最能表显真实者也。故欧美日本各国之报纸,对图画极为重视,不特持照相而已。……图画为最妙之有形新闻,任何人能直接了解,

小8开骑马订式《上海画报》

不必经过思考,且不限智识高深,即妇人孺子亦能一目了然。……吾国今日之画报,尚在幼稚时代。正宜追踪东西各国之出版物而比较之。"戈公振是中国报业泰斗,讲话自是大处着眼,而泽苍则细微具体,好一篇不可多得之"报话",此处稍摘录几段。

毕倚虹君创办《上海画报》之前,已有画报化之小报名《春华》者出世,为赵君豪所创办,初用道林纸四开印,铜图稍少,内容颇为优美。

《上海画报》于阴历腊月底停版数期由钱芥尘接办……至今已出版六百余期,殊非易事。

新出之《万有周刊》为英时广告公司所发行,格式略似本报,照片颇少,而多西文译述。

《蜜蜂画报》为蜜蜂画社所发行,专论图画。以上发行仅三四月。本埠四开画报惨淡如斯,尚不足以慰一般读者之欲望也。

泽苍先生没忘了夸一夸《北洋画报》,"北方年来对于画报亦异常发达。天津冯武越所主干之《北洋画报》,每两日出一张,成绩最佳。每开半页专刊戏剧新闻与照片,颇合该地读者之口胃"。"每开半页",即是四开画报通行的版面安排。

泽苍先生还曝了一个内幕,"其余文稿图画,颇多宣传西北军事与风俗之作。故外惟推测,颇有疑该报为小张所主办者,是亦神经过界之论也"。小张即张学良。我连夜微信一友,友称"据说张学良是幕后出资人,冯武越的太太是赵四的姐姐"。张学良赞助梁得所《大众画报》有实据可证,是否赞助过《北洋画报》,理应不难查出旁证,本文不作过多讨论。

四

上节说到骑马订画报,更早的时代还有一种很讲究的装订,实例可举包天笑主办的《小说画报》。我存的第一本《小说画报》得自横二条,其别致的系绳装订(早年间的照相册多采用此法)深得人心,里面的插图也很丰富,封面为彩绘。包天笑对于《小说画报》念念不忘:"《小说画报》尤其特别,完全是旧式,用有光纸一面印,装订

包天笑主办的《小说画报》封面画"胡马嘶北风"

作线装（用五色线作草装法）。除短篇小说外，其余的长篇，完全是章回体。何以谓之画报呢？因为每一篇中，都插图画罢了，这近乎从前的所谓绣像小说。不过《小说画报》当时有一个规例，无论长篇短篇，都不许作文言。这在当时无论何种杂志所少见的。""《小说画报》上写稿的，除自任长短各一篇外，有陈蝶仙（即天虚我生）、叶楚伧、姚鹓雏、毕倚虹、周瘦鹃、朱鸳雏、徐卓呆、张毅汉诸君。此皆为我之健将，每办小说杂志，必借重诸君，即《小说大观》亦如是。但有一人，亦为吾《小说画报》的中坚分子，即刘半农君是也。刘半农后为新文学巨子，在《小说画报》时代，则亦写章回小说者。"

《小说画报》有一年赶上农历"马年"，12 期全以马为题作封面，如"马嘶北风""伯乐相马""檀溪跃马""驰马试剑""悬崖勒马""折柳赠行""走马观花"等，每个封面均含有成语故事。但有一期封面很糊弄事，一个洋少年手持猎枪策马驰骋，画题直白得很：狩猎。

某年于报国寺旧书摊偶得两册《小说画报》，不是包天笑所办，同名而已。1935 年 1 月上海群众杂志公司出品，丁丁主编，作者有曾今可等。封面文字为"群众 小说画报"，现在的卖家不懂，闹了笑话，径呼"群众小说画报"。丁丁的《小说画报》诞生之际，正是旧派文学的包天笑们节节败退文坛之时。丁丁有多项革新，开本为正方形，页码是每期连续的，创刊号从第"1"开始，到第 4 期（终刊号）第"134"页。这还不算新颖呢，《小说画报》封面叫"小说画报"，封底则叫"银色列车"，作者有曹聚仁等，原来是"一刊两制"或曰"两刊合一"的小把戏：《小说画报》为正占三四十页（从前往后翻），《银色列车》为副占十来页（从后往前翻）。像这种装帧花样，十年后的《茶话》杂志学去了，大概在《茶话》的三分之二处冒出了个《美丽》杂志，我形容为"大鱼肚里还藏有小鱼"。

五

画报通行有 4 开、8 开、16 开，偶有异形本别出心裁，如上面所讲丁丁主编的《小说画报》。寒舍存有《现象画报》，该算窄 32 开吧。8、16、32 开本每种开本又可细分为大小开，不一而足。同一种

窄 32 开的《现象画报》

画报的开本也偶有变化，并非从一而终，如"准画报"《小说》半月刊，前两期是大32开，自第3期起改版为大16开，给了黄苗子等人才华大展的广阔天地。

大都市画报多采用8开，如《良友》画报、《时代》画报。这里先澄清一个细节，《良友》画报不应该写成《良友画报》，应以版权页为准。以第104期《良友》画报为例，版权页写的是"良友图画杂志"，因此"画报"两字应在书名号外面（马国亮就是写在外面）。当然不能一概而论，如手边的《时代画报》1933年第4卷第1期版权页上的名称为"时代图画半月刊"，可是1937年第115期版权页上的名称为"时代画报"，因此写成"《时代画报》"或"《时代》画报"都不为错。1946年的《艺文画报》，封面和版权页都标明为"艺文画报"，就不会有争议了。

"人世几回伤往事"，搜求海派画报卅年，最令我不堪回首的一件事即是《大美画报》的失之交臂，惨剧的内情我写在《搜书记》前面的"二十年搜书自供状"里了，虽然后来我搜求到几册《大美画报》，但是珍贵性远不及错失的那几期。这篇小文既是"搜求录"，也不妨看作"三十年搜集画报自供状"吧，惨淡经营，略有所得。

狐皮大衣与新式电影
——包天笑的电影编剧生涯

林 枫

"噱头",常指为吸引受众关注而采用的各种手段,而媒体为了捧红某人,某阶段集中登载被捧者的日常生活,以此为"噱头"引起读者的关注,是常见的做法。1927年4月,在天津创刊的《北洋画报》第82期,就登载了一则包天笑在上海被三次抢去狐皮大衣的消息,题为《不祥之狐皮大衣》。

包天笑先生的狐皮大衣,在去腊今正,曾两次被人拦路劫去,结果都是由包先生掏出五十元,向质铺里赎回。好像包先生在第二次被劫后,曾写了一封情辞恳挚的信,登在报上,劝告那匪徒不要再干这亡命的事。论理匪徒如果不是全无心肝,总该有一些儿感悟,然而不幸,在最近时期,我又听见包先生的大衣三次被劫!(地点在上海北福建路,时间为三月十八日夜间。)

老实说,穿在包先生身上的大衣,能值几何?一劫再劫,至于三劫,这其中恐怕有特别的关系。据我的浅见推测,或者不出下面两种原因:

(一)这匪徒也许是和法国勒白朗笔下的亚森罗苹(法国著名侦探小说人物)一样,喜欢盗窃含有历史臭味的物事。他认定这小说名人的大衣,两次被劫,定有什么史学的意味,故此斗胆把它劫去。

1927年4月27日《北洋画报》载《不祥之狐皮大衣》

(二)照经济原则说,凡物供过于求则松,求过于供则紧。在这春二三月,江南的天气已很暖,差不多连薄呢大衣都穿不住,有狐皮大衣的朋友,恐怕早已收藏大吉。惟有包先生这件新从质铺里旅行回来的大衣,依旧煌煌过市,哪能不引起匪徒们的特别注意?哪能免三次的被劫?

其实在《北洋画报》登载这则奇闻轶事前，包天笑已经不太需要媒体的专门捧场了，作为小说家、翻译家和报人的他，清末就开始办报办杂志、写小说，堪称报界的老前辈。但是《北洋画报》登载包狐皮大衣的消息，应该和包天笑职业的华丽转身有关。进入20世纪20年代中期，包天笑开始由小说家和报人转变为电影编剧，年过半百的包天笑开始以新的职业身份出现在媒体和受众面前。在《不祥之狐皮大衣》一文刊登前，《北洋画报》就曾多次登载上海新人影片公司《风流少奶奶》的电影广告，其编剧一栏就赫然写着"包天笑"三字。

1896年电影便现身于上海，1905年诞生了第一部国产电影《定军山》。但中国电影迎来第一个产业高潮，是1922年至1937年的事。20世纪20年代，电影开始向私营化、产业化的方向发展，当时社会的资本环境与电影行业的内部准备日渐成熟，民族工商业的迅猛发展使得社会"游资"逐渐充盈，很多资本家开始瞄准电影这一新兴产业。1923年，中国最早的故事长片之一《孤儿救祖记》上映，在社会上引起轰动，由张石川、郑正秋创办的明星影片公司一炮成名，赚得盆满钵满，可谓名利双收。面对强劲的市场需求和巨额利润，社会资本纷纷设立电影公司，投入电影制作，但开拍之前制片方遇到的第一个问题就是电影界的故事荒、剧本荒。下一部电影该拍点啥，去哪儿找剧本，成为了他们要解决的首要问题。

1926年9月4日《北洋画报》载《风流少奶奶》电影广告

到了1924年，"鸳鸯蝴蝶派"作家徐枕亚的小说《玉梨魂》被搬上银幕，吸引观众无数，票房也一举超过了《孤儿救祖记》，成为当时国片之冠，拷贝更是从上海远销至东北三省、京津和山东等地区，甚至走出国门到了海外南洋。当时就有观众感叹："电影在今日的中国，可算是如春潮的怒涨，真有举国若狂的现象。"《玉梨魂》爆炸性的成功，让电影公司老板发现了一批现成的电影编剧，那就是成名已久的"鸳鸯蝴蝶派"小说家。

在这种情况下，作为电影界巨头的明星影片公司，找到了"鸳鸯蝴蝶派"小说的鼻祖包天笑，与其约定"每月写一个电影故事，每月酬资一百元，暂以一年为期"。包天笑欣然应下，两者开始了长期的合作。

就这样，在1925年至1928年出品的明星影片公司电影中，除了郑正秋和张石川这两位公司元老，包天笑也成为公司编剧的三剑客之一，他先后参与编剧了《小朋友》《可怜的闺女》《新人的家庭》《风流少奶奶》《多情的女伶》《好男儿》等 12 部电影。这些电影实实在在地牵引着 20 年代中后期"通俗小说改编社会言情电影"的潮流，其中 1926 年上映的《空谷兰》更是成为"默片时期的票房冠军"。

《空谷兰》的电影剧本改编自包天笑的同名译作，据包天笑自述："愚与冷血，均喜日本黑岩泪香之译本而转译之。《空谷兰》一书，亦黑岩泪香所译也，原名曰'野之花'，不载原著者名字，愚易其名曰'空谷兰'，义即取'野之花'之意也。"1926 年 2 月 16 日，由包天笑编剧、张石川导演、郑正秋说明的默片《空谷兰》在上海中央大戏院首映，广告宣传其为"中国空前大套新影片，十大明星合演，共计二十大本"。

电影上映后，观影盛况空前，连映 10 天，场场满座，甚至出现了万人空巷、争相观看的场面，并创下了票房收入 132300 余元的默片时代最高纪录。甚至到了 20 世纪 30 年代，还有多家电影公司将其翻拍成了有声片。

包天笑编剧的《空谷兰》从默片到有声片的不断翻拍，也慢慢促成了电影公司的明星制。第一版《空谷兰》上映后，就有影评家写道："《空谷兰》是张石川'捧红张织云、发掘朱飞、塑造杨耐梅银幕形象的得意之作'。"张织云、杨耐梅能成为包天笑所谓"上海女明星中的开国元勋"，默片《空谷兰》自然功不可没。而 1935 年明星影片公司翻拍的有声片《空谷兰》，更让胡蝶享誉欧洲。有声片《空谷兰》于 1935 年 2 月 3 日公映后不久，明星影片公司经理周剑云夫妇和胡蝶应邀赴苏联参加莫斯科国际电影展览会，《空谷兰》等国产电影成为参展片。莫斯科国际电影展览会结束后，这些国产片跟随胡蝶游历了柏林、罗马、巴黎、伦敦等世界名都，游历期间"因日内瓦中国大使馆要求资映全欧，为东方文化，作有力宣传"，三片遂"历映经年，遍及各都"。这些影片的周游列国，使得胡蝶获得了"中国的嘉宝"名号。

包天笑编剧的电影，在票房上获得了极大成功，社会反响也空前热烈，同时塑造了中国最早的一批电影明星，还让国产电影走出国门并产生了一定的国际影响。这种种成就不仅仅是包天笑个人的成功，也标志着一批"鸳鸯蝴蝶派"小说家转型的成功。就在 1925 年，周瘦鹃任大中华百合影片公司编剧，编写电影剧本如《水火鸳鸯》《真爱》《马介甫》《儿孙福》《还金记》等，同时担任《大中华百合特刊》的主编；程小青为明星影片公司、国华影片公司改编电影剧本《舞女血》《窗中人影》《慈母》《可爱的仇敌》《金粉世家》等。包天笑、周瘦鹃、程小青这些"鸳鸯蝴蝶派"小说家,在20世纪20年代中期准确把握住时代的脉搏,主动搭上电影这艘新式文化巨轮,充分发挥了电影作为"通俗文化媒介"的功能。他们创作的以"改良现实主义"为意蕴的社会言情电影,在战乱连年的近代中国,对普通观众产生了巨大的抚慰功能。而且凭借不断产出的"社会言情电影",让中国近代电影在与外国影片的残酷市场竞争中生存下来,并形成了相当不错的工业规模。

"好白相"的海派画家

王金声

沪上的画家真不少,我认识的不算多,"好白相"的就那么几个,若有一桩画事妙趣,便可生成艺林佳话。早春时节,细雨蒙蒙,倚窗冥想,陡然唤起我对昔日的回忆,纷繁芜杂,不妨追溯一下消散的前尘往事。

与颜文樑失之交臂

我生性喜欢涂鸦,幸亏家中有处空壁任我挥洒,山川花鸟、飞机大炮、妖魔神怪,无所不有,好端端地把一面清白之墙给"糟蹋"了。母亲也不生气,时常还要评论;老爸见到则开怀大笑,说画得有点"野兽派"的腔调。每到年底,母亲拎来一桶石灰水,刷上几遍,墙壁雪白如初,而我故伎重演,几年下来玩得不亦乐乎。

外公见我喜欢画画,就领我去拜见住在新康花园的老友——油画家颜文樑。记得那天走进淮海中路一条雪松蔽日的新里,在一栋湖绿色的老洋房前驻足,大门半掩,外公跨上台阶推门进去,熟门熟路地边走边喊,穿过堆满画框杂物的过道来到前厅。油画架前,坐着一位身着蓝布中山装的老人,他佝偻着身子应声回过头来,笑容木讷。我在外公的催促下,轻轻叫了声

颜文樑在作画

"颜公公",可惜已忘记大师的回应。接着,我这个不知天高地厚的十几岁小孩,居然对着架上的油画乱发一通评论。大师愕然,握着的画笔似乎一直在抖,像极了纯粹的点彩

派。外公及时打断我的胡闹,就与老人拉起家常。颜老说自己八十高龄还经常乘坐公交车外出写生,接着蹒跚移步内室,取出一沓写生的风景画稿递予外公欣赏。我无精打采地立着,看也看不懂,毕竟自己唐突了老人,不好意思再请教,就拉着外公离开了颜家,拜师的念头就此作罢。现在想想实在后悔,那时年少无知,与大师失之交臂。斯人已去,令人不胜今昔之感。

陆俨少为我画梅题诗

特殊年代,父亲下放到郊区干校学习劳动,空闲时他以家传的岐黄、正骨之术(祖父系孟河医派传人)为大家正骨把脉,其间也结识不少"蹲牛棚"的书画家、作家,由于他们长期伏案,颈椎腰椎多少都有毛病,经父亲的治疗,效果显著还不用花钱。书画家们感念,就馈赠自己的作品以示感谢。几年之间,父亲竟积攒下几十件书画作品,自然君子雅好,为之陶醉,俨然成了"收藏家"。

《老梅》,陆俨少作

父亲手上的纸片多为时人所赠,有立轴、屏条、对联、册页等,不论有名无名他都裱起来,以致堆积一箧。平常也蘸墨习字,权当日课,一笔欧体,断断续续写了五十来年。通常人人羡慕的是大名头书画家,但父亲对海派画家的喜好,学问修养排第一,至于画精、画粗才是第二。按父亲的选择,海派中陆俨少靠最前,其文藻风流,所作峡江山川,云水激荡,氤氲翻涌,生趣盎然。"陆氏云水"自成一派,怎奈其画风当时不为业内人士欢迎,但父亲喜欢,藏了几件山水作品。

我有幸随父亲去过位于复兴中路马当路口的陆家。八月炎热的一个下午,我们从慈安里8号穿过灶披间,就进到了热烘烘的前厢房。房子老旧,二十几平方米的大间分隔为二，前半为卧室兼画室，一床之外仅放张写字台，也是饭桌兼画桌，无处可坐。陆老面如妇人好女，为人和蔼话不多。父亲递上两包医治消渴症的中药，寒暄一番直接说明来意："今天带了一本册页，想为儿子求张画。"陆老二话没说，接过本子翻了翻："里向全部空白，一张也没画过呀？"父亲笑笑："你开个头，后面就好办了。""那就花笑迎人吧。"旋即挥毫，信手拈来一枝粗干老梅，写了我的上款并题唐诗一句："先发映春台。""文革"后拨乱反正，陆老不负耕耘大放异彩，成为一代宗师，无缘再见。但陆老所作的那幅画我至今藏着，睹物思人，徒揖清芬。

谢之光指画老梅"不写上款"

那年头，画家的门坎远没现在这么高，有了住址几乎没有进不了门的。缘于陆俨少画梅的催化，我萌生一个心愿，既然开了头，寻思把册页凑满。于是偷偷抄录父亲通信录里的画家地址，独自开启上门求画的行动。数年下来计有程十发、谢稚柳、林风眠、刘旦宅、潘君诺、谢之光、沈柔坚、唐云、钱君匋、吴青霞等人，终于完成一本"海上名家"的集锦册，山水人物，花鸟鱼虫，一应俱全，其间还与不少画家结为忘年交。

自己心存真趣，偶然得见门外天地，邀游物我之间，几乎把读书当成儿戏。幸好有绘画特长，班级里的"黑板报"就非我莫属了，比赛总得名次，法宝就是手中那本《报头图案集》——那是老画家谢之光所赐。我曾几次去过谢老的"栩栩斋"。初次登上山海关路山海里5号二楼，谢老劈头就问："侬来讨画的吗？"我一记头闷脱，怯生生答道："来向老爷叔讨张'万吨水压机'。"谢老大笑着逗我："侬迭个身体拿得动'万吨水压机'？""孅机器，要侬画的'万吨水压机'（印刷品），学堂里向搞画图比赛，我要临摹，新华书店脱销，特地来问侬讨一张。""我屋里侪呒了，去年（1974年）'风庆号'万吨轮下水，我倒出版过一张'造船工人大打翻身仗'的宣传画和这本《报头图案集》，要么侬两样挑一样去？""侪要！""小赤佬心蛮黑的！"谢老诙谐幽默的话语反倒拉近了距离，让我感觉轻松许多。

我又突发奇想，问起谢老在新中国成立前创作月份牌美女像的画法。他问过我的素描基础后，当场用炭精笔演示了"擦笔水彩敷色法"，用心教我这门濒临失传的技艺。

当再次拜访谢老时,我带去后来买到的"万吨水压机"宣传画和自己临摹的作品,他仔细看过,指着画说:"想不到你画的锻钢,要比我好!""哪里好?""颜色好,用荧光红,当时我没这种化学颜料,你画的钢锭血血红,没照抄,创新才好!"

得到这番表扬后,我赶紧取出带来的册页,请谢老当场赐画。他粗略翻了翻:"梅花不少啊!今天打一记擂台也画棵老梅。"接着,用小指边缘沾上浓墨,弯弯曲曲拖曳出一条虬干,不时用纸团皴擦,使之古拙苍润,随心所欲划上几条细枝,最惊艳的是他将朱砂颜料倒入调色盘,再加荧光红调和,五个指尖聚拢,蘸起红色摁在梅枝上,信手拈来数朵梅花,色泽鲜亮好看。又用湿抹布轻按梅朵,花瓣的晕染出奇地精彩,一幅指头梅花跃然纸上。这样的画法令我大气不敢出。有趣的是,他最后说了句:"上款就不写了,将来好卖钞票,上面留了指纹,可验明真迹。"

"最会白相"数唐云

当然,画家中"最会白相"的就数唐云了,他的轶事、趣事可用车载船装。早年唐云在上海办过个展,从此声名鹊起,有了"杭州唐伯虎"的美誉。虽属才子,但他不风流,外冷内热,熟悉的人都懂他的人生趣味。他喜欢品茗,就收集了八把"曼生壶"轮流喝,嫌自来水味呛,又储雪水、泉水来泡茶,至于斗蟋蟀、玩蝈蝈那是家常便饭。他字"侠尘",胸有侠肝义胆,义卖书画去赈灾,周济乡民;自号"药翁",所作花草皆入"药",是可供观画人"医俗"之良药。据说唐云画室"大石斋"也是"八大""石涛"的合二为一,小斋之中可谈诗、谈茶、谈壶、谈虫,但见风雅,又得情趣。他的山水以八大、石涛为宗,花鸟师承新罗、南田遗风,各擅胜场。

爱喝酒的唐云,蔡斯民摄

我认识唐云已是20世纪80年代的事,领我去"药翁"家的是上海文艺出版社美编乐秀镐,那时我跟着他"轧大淘"。某个周末下午三点后,乐秀镐去敲江苏路中一村5号的门,里面有个声音问:"啥人?"乐还继续敲,一会儿门开了,一位戴眼镜老者探出头来,自言自语说:"噢,是聋髼来了。"乐因少时患病听觉受损,故有个绰号叫"聋髼"。我们沿梯而上,直奔三楼唐先生的画室。唐先生贴近乐秀镐的耳朵,提高嗓门用杭州官话大声说:"今朝侬又来骗画儿了?"乐指了指我:"带伊来认得侬,顺便社里有书要侬题。"唐云的目光转向我,我赶快呈上见面礼:"唐先生好!"唐老笑呵呵接过礼包,见内有盒酒:"小伢儿知道我喜欢吃老酒,辩瓶啥酒?""XO 洋酒。""外国货卖相倒老好,拆开来看看。"取出酒瓶放在桌上,宛如稚童的眼睛一直盯牢看,自己慢慢点上一支香烟,也递支给我。我忙不迭摇手:"我不抽烟。"唐先生深吸了一口,慢慢吐出:"辩只老酒瓶子交关漂亮,像煞中国永乐的青花扁壶瓶,不晓得老酒味道哪能,辩酒老价钿?"我说:"乐师关照,到人家屋里去要攒点派头,我就拿侨汇券去免税店买,外头商店买不到的。""好的!好的!等歇息画张画儿拨侬。来,喝茶、喝茶。"之后就坐下与乐老师谈公事。

我环顾书斋,最显眼的当数墙上赵之谦篆书的"山雷轩"横匾和窗户两边悬着的弘一法师所书"欲为诸法本,心如工画师"对联镜框。屋内拉着几根铅丝,画桌不大,散乱堆满笔墨纸砚、文房雅玩,几把紫砂壶里大约都泡着佳茗,几只茶盅里清香四溢,画桌旁一张小床,想必是唐先生卧榻。

不一会儿,唐云开始移除画桌上的堆物,小心翼翼地放到床上,还不时摩挲几下紫砂壶。我想上前帮忙,乐老师一把推开,连连摆手:"不好动的!那可是曼生壶。"唐云回头相视一笑:"每天要搬一趟。"过了片刻,唐先生开始铺纸,坐到作画的椅子上,瞄了一眼洋酒瓶,提笔用水墨勾勒出酒瓶的轮廓,略施淡赭色渲染后,质感晶莹酣畅,瓶身依样绘上"XO"酒标,瓶口再插入折枝圣诞花,鲜艳的红叶风姿绰约,熠熠生辉。我私衷窃喜,这可是上乘佳作。不料唐先生马上把画拎起

《好白相》,唐云作,澹简斋藏

挂在铅丝上,然后坐回明式椅子上继续喝茶聊天。说来尴尬,这一刻颇感焦虑,讲好给我画,画好又不给我。少顷,当我把目光从瓶花上移到唐云身上时,发现他也在端详那张画,此刻夕阳的余晖染红天际,背窗而坐的身影不就是一尊杭州飞来峰上的大肚弥勒佛造像吗?只见他起身取下瓶花画,收拾了几笔,写上"老药"的名款,盖好章,撂下一句:"这画儿你可以拿去了!"

　　唐云先生是圈内公认豁达开朗、最海派的领军人物,从艺行事处处凸显海派文化的自信和风范,一生追求笔墨语言并不断探索创新,其轶闻佳话终成千古绝唱。

在京都寻找钱瘦铁的足迹
——从为谷崎润一郎题写的斋名说起

钱 晟

一

"美,不存在于物体之中,而存在于物与物产生的阴翳的波纹和明暗之中。""我们不是在事物本身中发现美,而是在阴影、光明和黑暗的模式中发现美,这两者是对立的。"日本的美学大师谷崎润一郎(1886—1965)在《阴翳礼赞》中的审美和趣味美感,反映在其生活中的方方面面。"搬家狂魔"谷崎一生搬家40多次,却在"潺湲亭"度过了7年的时间,对他而言不可谓不久。谷崎润一郎在散文随笔中不止一次地提起"潺湲亭",比如:"这样一想,我突然十分思念下鸭邸宅的闲寂。那邸宅原是……的别墅,有人推荐,我就接受了。房子建筑面积虽不太大,但庭园大,有林泉之美,门前面对郁郁苍苍的树林。我为这宅子取名'潺湲亭',请当时滞留日本的钱瘦铁挥毫题写了匾额,对这庭园爱个不够,习惯上每年春和秋不可或缺地回来过。虽然因为宅子有瀑布和水池,冬天寒冷,湿气大,我几乎没在这里过冬,但我素知这庭园的雪景极棒。"

作为一位影响了不止一代人的美学大师,谷崎润一郎对于美,对于日常,无疑是特别敏感的。他为什么会请钱瘦铁(1897—1967)来为心爱的书斋题写斋名呢?谷崎润一郎应该是在老友兼邻居白沙邨庄的桥本关雪那里知道钱瘦铁的。作为关西画坛的泰斗桥本关雪对于钱瘦铁的书画篆刻艺术大为赞赏,在朋友圈里多有推介。在白沙邨庄暨桥本关雪纪念馆里,藏有多枚钱瘦铁所刻的印章及书法与题款等。想来,谷崎润一郎见之闻之也为之倾倒。

1946年11月3日,当谷崎润一郎

钱瘦铁刻"潺湲亭"斋名章(左),题写"潺湲亭"斋名(右)

按约定前往白沙邨庄的时候,早来的钱瘦铁已写好了"潺湲亭"斋名,并告之因过几天要回上海,等回去刻好斋名章后,来年春天赴日时交付。

潺湲亭位于南禅寺下河原町,门前是南禅寺,屋后是水流潺潺的鸭川,因此得名潺湲亭。70多年后的今天,昔日的"潺湲亭"书斋现已为日新电机所有,改名为"石村亭",但依然保持着当时的状态——谷崎润一郎的书斋中央仍悬挂着当年钱瘦铁挥毫的篆书匾额"潺湲亭"。水流云在。

二

白沙邨庄门票

离鸭川不远,便是之前提过的白沙邨庄暨桥本关雪纪念馆。"那是钱瘦铁先生早年在京都生活过的地方。那地方在银阁寺走下来的斜对面。园子景色幽美,实在是侘寂(Wabi-sabi)典范,比银阁寺好看多了,而且最可贵的是没有游客。"美术评论家石建邦说。

白沙邨庄是桥本关雪(1883—1945)在大正五年(1916)建造的宅邸,以大山为背景的池泉环游式庭园,是日本国家指定的名胜之地。这个园子和日本常见的多用枯山水布置的皇家园林、禅院不大相似,反而更像可居可游的中国古典园林。从中也可以看出桥本关雪先生对中国文化的痴迷和受到的影响。他曾多次来中国,留下很多精彩的描绘苏杭人间天堂的画作。不同年代、多样造型的石塔灯笼,皆为平安时代和镰仓时代的古董,是桥本关雪先生心爱的藏品,更让沿途充满古意与惊喜,还有多尊石佛点缀其间。

当拿到白沙邨庄的门票时觉得特别眼熟。原来"白沙邨庄"这四个汉字是钱瘦铁当年为桥本关雪先生所刻,一直作为园子的 Logo 延用至今。

园子内有一块特别的石头,每个人都可以站在上面载歌载舞一番。石头边沿下方刻有"郁勃纵横"篆书题署,应该出自钱瘦铁之手。石建邦认为"郁勃纵横"这四字可被用来代表钱瘦铁的艺术成就。"在近现代海派画家中,钱瘦铁书画篆刻三绝,独树一帜,卓尔不群,无疑是个有声有色的人物。他以金石篆书笔意从事创作,无论书画篆刻,都是古意盎然,奔放自如。一如他的为人耿介直率,豪爽仗义。综观钱瘦铁的艺术,他的书画篆刻作品,无不令人感觉中气十足,大气鼓荡。""好的艺术'气息'第一,传统中国画的'六法'之中,将'气韵生动'作为第一条衡量标准,而黑格尔的美学思想中,他认为美就是'灌注生气',可见中外审美的基本标准都是相通的。一件好的作品,没有生气,奄奄一息,画得再好再漂亮再四平八稳我看也是枉然,也是黯淡无光的。元气淋漓,郁勃纵横,这也是钱瘦铁艺术高人一筹,最值得称道的地方。"

在白沙邨庄桥本关雪纪念馆官网的藏品部分,展示了钱瘦铁为桥本关雪的挚友日本画家野原樱州所刻的"万波一水"遗印一枚。该印边款上注明这是大正十二年(1923),钱瘦铁为桥本关雪刻的很多印章之一,是在白沙邨庄送给野原樱州的。

钱瘦铁是通过潘琅圃(1887—1960)与桥本关雪相识,并于1923年首次访问日本,此后开始与诸多日本文人频繁交流。其中,桥本关雪是促成钱瘦铁访日的关键人物。1922—1945年,桥本关雪和钱瘦铁的交流长达24年,桥本关雪拥有印章390余枚,据研究者统计约有四分之一为钱瘦铁所刻。印文内容丰富,涉及姓名、雅号、斋号等。桥本关雪为推广钱瘦铁的艺术,举办多场颁布会、展览会。正是通过这些活动,钱瘦铁结识了诸多日本文化名人。

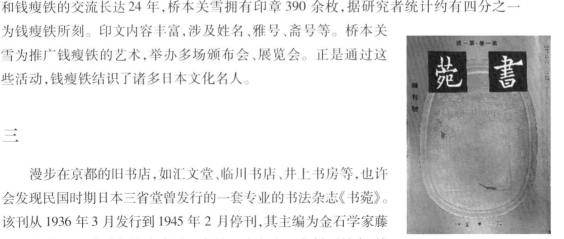

钱瘦铁所刻遗印"万波一水"

《书菀》创刊号封面

三

漫步在京都的旧书店,如汇文堂、临川书店、井上书房等,也许会发现民国时期日本三省堂曾发行的一套专业的书法杂志《书菀》。该刊从1936年3月发行到1945年2月停刊,其主编为金石学家藤原楚水先生,一众编辑皆为当时日本的一流文人。在创刊号中,钱瘦铁为客座顾问中唯一的中国籍成员。可见,钱瘦铁的书画篆刻艺术在日本受到的推崇和重视。

钱瘦铁(叔厓)在民国海派诸家中,工书擅画,尤以篆刻名世,与吴昌硕、王大炘并称"江南三铁"。他早岁为碑帖店学徒,尝请益于吴缶老之门,艺事大进。复得郑文焯、俞语霜及桥本关雪推广宣扬其艺,声名日噪。1935年,举家迁日。

在《书菀》发刊发表会的记录中,钱瘦铁被介绍为"画家,而且是民国屈指可数的篆刻家",当时钱瘦铁才40岁。那时,钱瘦铁携妻张珊和长子钱明政一起居于日本驹达林町。平日里,他苦练书法治印,欲将中华民族的书画篆刻艺术介绍给日本人民。《书菀》杂志第1卷从第3期至第7期刊登了钱瘦铁共计11方篆刻作品并附他的亲笔注释,是他用了三年多时间从历代中国文字之美中提炼的精华。按中国文字的演变顺序以其自刻印章为范例,从三代、秦汉、六朝、篆隶、草行楷,遂一细述各朝之书体,及其背后渊源和时人评价。

在印谱自跋中,他写道:"予发愿将三代秦汉六朝书体刻为印谱,以资好学之士参考,使四千余年之文字体式一目了然。"

钱瘦铁治印"散人有词""不鸣一执"

《书菀》杂志的创刊号还刊登了钱瘦铁《中华民国习字法》一文。当时记者拜访了钱瘦铁在驹达林町的住处,进行采访。记者这样记述拜访钱瘦铁的情景:"以书生的仪态亲切地迎接我,完全不像知名画家的样子。"钱瘦铁先生平易近人,屈体躬身,让记者感到不胜惶恐,从这里可以看到钱先生不摆架子、礼貌待人的言谈举止。钱先生的日语流利,有时也夹杂笔谈。采访中他谈到民国的儿童学习书法从"描红字"开始,继而写九宫格,再学楷书(有姚孟起、黄自元、谭延闿的临本)。之后,会根据儿童的秉性,以行、草、隶、篆的顺序来学习书法。从该采访可以了解民国时代中国儿童书法教育的一面。

《书菀》杂志从第9期(1937年11月)开始便不再刊登钱瘦铁的连载,原来1937年8月7日,钱瘦铁因协助郭沫若秘密回国,在日本被捕,关押于东京市丰岛区巢鸭四年。这,又是另一段往事了。

程小青在《新侦探》杂志上的三个笔名
——从三张手稿说起

战玉冰

紫竹

  笔者曾经撰文讨论过在《新侦探》杂志上翻译阿加莎·克里斯蒂侦探小说《古剑记》①的译者"紫竹"应该是程小青的笔名之一。理由是这个小说的中文译本也曾在 1946 年刊登于《大国民》杂志第 1 期和第 2 期上(仅刊两期,未连载完),当时刊载的译名为《古剑碧血》,标"包罗德探案",署名"葛丽斯丹著,程小青译"。经文本比对,两个发表版本除了个别标点不同外,文字内容完全相同,可判定为同一译本。而作为后发表的、署名"紫竹译"的《古剑记》又刊登于程小青自己主编的《新侦探》杂志上,因此不大可能存在"译本抄袭"的情况(即"紫竹"挪用程小青的译作并自己署名),而是"紫竹"应该就是程小青的另外一个笔名。当时程小青可能考虑在自己主编的杂志上发表自己署名的创作和译作需要"避嫌",因此使用了"紫竹"这一笔名②。以此类推,在《新侦探》杂志上发表的其他署名"紫竹"的文章或翻译,应该也都是程小青在这个笔名之下的作品,具体如下:

  《少年犯的成因》,《新侦探》第 5 期,1946 年 6 月 1 日,署名"紫竹",该文是对西方犯罪学最新研究成果的介绍。

  《专制君王的怪诏》,《新侦探》第 7 期,1946 年 7 月 1 日,署名"紫竹",该文是对西方轶闻趣事的介绍。

  《死拼》,《新侦探》第 10 期,1946 年 8 月 16 日,署名"紫竹",该文是对西方犯

---

① 刊载于《新侦探》第 16、17 期,仅发表两章(未连载完),1947 年 2 月 1 日、1947 年 6 月 1 日。该小说英文底本为 *The Murder of Roger Ackroyd*,现通常译作《罗杰疑案》。
② 可参见战玉冰、华斯比:《民国侦探小说作家笔名考》,《书屋》2023 年第 4 期。

罪类社会新闻的翻译和介绍。

《六条走廊》,《新侦探》第 15 期,1947 年 1 月 1 日,署名"紫竹",该文是互动推理谜题。

《古剑记:一、多嘴女人》,《新侦探》第 16 期,1947 年 2 月 1 日,署名"紫竹译",该文是阿加莎·克里斯蒂侦探小说《罗杰疑案》的中文翻译,未完。

《古剑记:二、晚间的约会》,《新侦探》第 17 期,1947 年 6 月 1 日,署名"紫竹译",该文是阿加莎·克里斯蒂侦探小说《罗杰疑案》的中文翻译,未完。

近日,我在苏州程小青故居"茧庐"中找到一组小说手稿,为尚未发表的《古剑记》第三章译文手稿,章节名称为"古怪的新邻居",署名"紫竹"。这一方面从另一个侧面证实了我之前对于"紫竹"是程小青笔名的判断;另一方面也说明了当时程小青曾翻译过《罗杰疑案》后续的章节和故事,只是

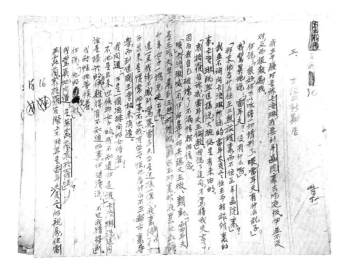

程小青译《古剑记:三、古怪的新邻居》手稿第 1 页,战玉冰摄③

因为《新侦探》杂志于第 17 期之后停刊,所以后续的译文没有被发表出来。

雍彦

同时,我还在"茧庐"内找到另一组小说手稿,题为《口味问题》,标"包罗德探案",署"Agatha Christie,雍彦译",这篇小说的底本是阿加莎·克里斯蒂的短篇小说 *Four and Twenty Blackbirds*,现通常译作《二十四只黑画眉》,为波洛系列作品之一。但有趣的是,这个小说译本曾经发表于《蓝皮书》第 12 期(1948 年 3 月 20 日),署名"程小青"。经

---

③　本文所使用的三张手稿照片,皆获得程小青家属授权,特此致谢。

"茧庐"手稿与《蓝皮书》发表版本的文本比对,两个版本内容完全一样。《口味问题》是程小青对于阿加莎短篇作品的翻译,而"雍彦"应该就是程小青的另一个笔名。而在《新侦探》杂志前17期中,也有两篇署名"雍彦"的文章,以此推测,应该也都是程小青在这个笔名之下的作品,具体篇目如下:

《眼睛一霎》,《新侦探》第9期,1946年8月1日,署名"Agatha Christie作,雍彦译",该小说底本为 The Regatta Mystery,现通常译作《钻石之谜》,是阿加莎·克里斯蒂的帕克·派恩系列作品之一,也是目前所知该系列小说在民国时期的唯一中文翻译版本。

《无名氏》,《新侦探》第14期,1946年11月1日,署名"F. I. Anderson作,雍彦译",原作者即 Frederick Irving Anderson,现通常译作弗雷德里克·欧文·安德森(参见《猎书侦探:侦探小说收藏丛谈》)。

根据前面对于《古剑记》因为《新侦探》停刊而未连载完的相关分析,我们甚至不妨推测,程小青的这篇题为《口味问题》的小说翻译,也很可能是最初计划发表于《新侦探》杂志上,为了"避嫌"而署了笔名,只是因为杂志中途停刊(最后一期是1947年6月1日),所以发表一度搁浅,于9个月之后才发表在另一本侦探类杂志《蓝皮书》上。而等到这篇译作正式发表时,因为已经不再是程小青主编的刊物,也就可以直接署程小青本名,同时为杂志吸引更多的读者。

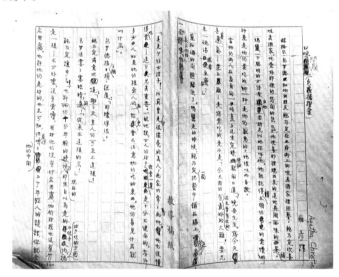

程小青译《口味问题(包罗德探案)》手稿第1页,战玉冰摄

经武/汪经武

我在"茧庐"中见到的第三份手稿是小说《暗中恋人》的后半部分,署名"经武"。

《暗中恋人》的小说底本为 The Adventure of the Invisible Lover，现一般译作《隐形的仰慕者》，是埃勒里·奎因的短篇作品，英文版曾收录在短篇集 The Adventures of Ellery Queen (1934)中。该小说中文译本前半部分曾发表在《新侦探》第 17 期，题为《暗中恋人（上）》，标"奎宁探案"，署名"爱雷奎宁著，经武译"。据程小青手稿来看，"经武"也很有可能是程小青的另一个笔名，而小说《暗中恋人》的后半部分，同样是因为杂志的停刊而没有被发表出来。

此外，如果将《菲洲旅客》(刊于第 1 期，署名"吕白庐译")、《觅宝藏》(刊于第 13、14 期，署名"程小青译")和《暗中恋人（上）》(刊于第 17 期，署名"经武译")这三篇同样发表在《新侦探》杂志上的"奎宁探案"系列小说中文译本进行比对，也不难看出不同译者在翻译细节中所流露出来的不同语言习惯（后文为行文方便，将三个译本分别称为"吕译本""程译本"和"汪译本"）。比如在"程译本"《觅宝藏》和"汪译本"《暗中恋人（上）》中，一共出现多处"sighed"，搭配直接引语使用，都被译作"叹息道"；而在"吕译本"《菲洲旅客》中，"sighed"则更多被译作"叹口气道"。同样，"smiled"在"程译本"《觅宝藏》和"汪译本"《暗中恋人（上）》中多处被译作"嘻一嘻"，而在"吕译本"《菲洲旅客》中，则被翻译成"微笑"或"笑一笑"。简而言之，"程译本"和"汪译本"在翻译语言使用细节的习惯上，具有明显的相似性。加之手稿所提供的证据，可作同一认定。

在《新侦探》中，除了"经武"之外，还有"汪经武"的笔名，根据前文中的举证和分析，大体可以推断二者都是程小青在这一时期所使用的笔名，其具体篇目情况如下：

《好色之徒》，《新侦探》第 8 期，1946 年 7 月 16 日，署名"汪经武"，该文是侦探小说译作，底本不详。

《海葬》，《新侦探》第 10 期，1946 年 8 月 16 日，署名"汪经武"，该文是侦探小说译作，底本不详。

《玩纸牌》，《新侦探》第 12 期，1946 年 10 月 1 日，署名"Charles G. Norris 著，汪君武译"，此处疑为笔误，译者应为"汪经武"，该文是侦探小说译作，底本不详。

《独臂将军》，《新侦探》第 15 期，1947 年 1 月 1 日，署名"经武"，该文是互动推理谜题，杂志注明"特载"。

《遗传病》，《新侦探》第 16 期，1947 年 2 月 1 日，标"包罗德探案"，署名"Agatha Christie 著,汪经武译",该小说英文版首次发表时题目为 *Midnight Madness*,后改为 *The Cretan Bull*,现通常译作《克里特岛神牛》,为波洛系列作品之一。

《暗中恋人(上)》,《新侦探》第 17 期,1947 年 6 月 1 日,标"奎宁探案",署名"爱雷奎宁著,经武译",该小说英文底本为 *The Adventure of the Invisible Lover*,现通常译作《隐形的仰慕者》。

对于上述依据手稿所指出的程小青在《新侦探》杂志上使用的三个笔名,还有三点说明可资补充:

第一,"紫竹""雍彦""经武"三个笔名除了在这一时期的《新侦探》杂志上出现过之外,目前经过系统检阅,尚未见到其他报刊上出现过这三个署名且和侦探小说相关的文章(其中与"紫竹""经武"重名的作者并不少见,但都和侦探小说关系不大)。

第二,对 17 期《新侦探》杂志的作者署名情况做一个简单统计,可得结果如下:

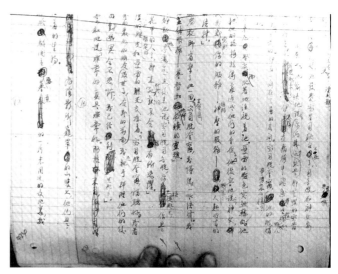

程小青译《暗中恋人(奎宁探案)》手稿第 1 页,战玉冰摄

杂志期数	第 1 期	第 2 期	第 3 期	第 4 期	第 5 期	第 6 期	第 7 期	第 8 期	第 9 期
笔名出现次数	2	2	2	2	2+紫竹	2	2+紫竹	2+经武	2+雍彦
杂志期数	第 10 期	第 11 期	第 12 期	第 13 期	第 14 期	第 15 期	第 16 期	第 17 期	
笔名出现次数	2+紫竹+经武	2	2+经武	2	2+雍彦	2+紫竹+经武	3+紫竹+经武	1+紫竹+经武	

表格中"笔名出现次数"一栏中的数字为当期杂志直接署名"程小青"(或者他广为人知的笔名"茧")的文章数量,"加号+"后面则是当期杂志上署名"紫竹""雍彦"或"经武"/"汪经武"的情况。从中我们不难看出,程小青在每期杂志上只发表不超过两篇真实署名的文章,总体上显得相当低调。其中第 16 期情况比较特殊,这期杂志原本

会发表的署名为"程小青"的文章应该只有两篇,一篇是翻译自杞德烈斯"圣徒奇案"系列中的《大施主(下)》,另一篇是正在连载中的"霍桑探案"系列小说《百宝箱》第16章。但因为萧乾1946年11月1日在《上海文化》第10期上发表《侦探小说在华不走运论》,掀起一股关于中国侦探小说的讨论热潮,而作为当时中国侦探小说界最具代表性的人物,程小青势必要公开予以回应,且这种回应一定要由程小青本人实名发表。所以在1947年2月1日推出的《新侦探》第16期上,程小青就实名发表了回应文章《侦探小说真会走运吗》,加上从前面几期杂志一路延续下来的侦探小说创作和翻译连载,这一期杂志上就出现了三篇署名"程小青"的文章。

第三,一直困扰笔者的一个问题是,在程小青故居中看到的大量"霍桑探案"小说或者翻译手稿,笔迹明显不一致,而这恰恰关乎到手稿作为证据的有效性。幸运的是,笔者找到了《苏州教育学院学报》主编时新、常熟伦华外国语学校校长张彤两位老师。程小青长子程育德曾担任"新苏师范"的化学老师,时、张二人都曾是程育德班上的学生,而她们也都曾在暑假里帮助程育德老师抄录过程小青先生相关作品的手稿。虽然目前本文所列三份手稿都非时、张的亲自抄录,但这一多人抄录过程的事实性存在也能够为我们解释不同手稿之间笔迹差异产生的原因——其应为其他学生当年抄录的结果。

结语

陈子善教授在讨论梁实秋在杂志上发表文章曾大量使用笔名这一现象时指出:"往往一个版面半数以上文章由他本人来执笔,有时甚至独自包揽,这就需要不断更换笔名,以免读者发觉主编唱独角戏而减少兴味,不消说,也有不便署真名,非得用笔名发表不可的。"④这一论断同样可以用来理解程小青在《新侦探》杂志上大量使用不同笔名这一现象,同时也可以进一步凸显出程小青在《新侦探》杂志中的重要性⑤——起码有14

---

④ 陈子善:《梁实秋笔名与"雅舍"集外文》,见《中国现代文学文献学十讲》,复旦大学出版社2020年版,第174页。

⑤ 此外,《新侦探》杂志上还发表过程小青儿子程育德、女儿程育真翻译的作品,可见,整本杂志和程小青之间关系的密切程度。

篇未署名"程小青"的翻译文章可以认定是程小青所译,同时或许还有更多《新侦探》上的作者署名也可能是程小青其他不为人知的笔名。

进一步来说,我们还可以根据这三份手稿及程小青的这三个笔名展开推测,大致还原出没有真正出版过的《新侦探》第18期的部分篇目内容:其中肯定会有署名"紫竹译"的《古剑记》第三章,以及署名"经武译"的《暗中恋人》后半部分,同时还很有可能会有署名"雍彦译"的《口味问题》。而参照《新侦探》最后几期的实际杂志体量来看,一期杂志大概是64页或76页左右,那么这三篇小说翻译几乎已经占到了将近整本杂志一半的篇幅。

在这里,埃勒里·奎因和阿加莎·克里斯蒂侦探小说的中文译介,由于《新侦探》杂志停刊而"断更"的事件,或许可以视为一种中国侦探小说发展史上的隐喻。即在20世纪40年代,欧美"黄金时期"的侦探小说已经开始陆续进入中国,其中最具代表性的诸如埃勒里·奎因的《希腊棺材之谜》和《罗马帽子之谜》、阿加莎·克里斯蒂的《罗杰疑案》和《东方快车谋杀案》,以及艾德蒙·本特利的《特伦特的最后一案》等作品都有过相应的中文译本。但后来随着战争爆发与政治格局的风云变幻,中国本土对于欧美"黄金时期"侦探小说的接受和学习之路也因此中断。那并没有真正存在过的第18期《新侦探》杂志和那些"断更"的翻译作品,直到20世纪80年代初期,才有了被接续下去的可能。

程小青生平大事记①

孟亮

1893 年（1 岁）

8 月 2 日，出生于上海南市淘沙厂。

原名程青心，一说青心非本名，青心、小青，皆是失恋后更名，取"情"字之意。乳名福林。1923 年，在苏州建"茧庐"，别署茧翁，有"作茧自缚"之意。20 世纪 40 年代，因名气太响，受匿名信和敌伪威胁，组建正养补习学校时，恐被敌伪势力注意，改名程辉斋。

祖籍安徽安庆，以务农为生，家境贫寒。太平天国时，全家迁居上海县刘行镇祖母樊氏娘家，后又迁居上海。

父亲程文治，曾在上海某绸布店当伙计，后卖报糊口，后又不务正业，致使家产荡尽。1903 年去世，葬刘行镇市梢处祖茔（祖母亦葬于此）。

母亲陈氏。丈夫死后以针线手工维持家计，抚育子女。1941 年 73 岁去世。

小青为长子，有弟镜海（一说景海）、妹银宝。

1897 年（4 岁）

弟程镜海出生。父陈文治死后，家境更趋贫寒，陈氏无力抚养三个孩子，于 1903 年将镜海送给郑姓邻居抚养，改名郑景海，长大后在上海电力公司当职员，新中国成立后病逝。

1901 年（8 岁）

元旦清早，因卖者要做头笔生意开利市，曾怀揣一二百文的压岁钱，在城隍庙以低

---

① 《程小青生平大事记》节选自本人博士期间整理的《程小青年谱简编》（未出版）。因《大事记》字数所限，引用史料一般不再注明出处，同时，仅收录有关程小青行止、文学活动和著述出版的部分内容。《年谱简编》中有数条采纳自魏守忠所编《程小青生平与著译年表》，在此一并致谢。

价 30 文买得价值 2 角的兔子灯。

入上海南市某私塾读书。性颖悟,记忆力强,聪明好学,受到父母、老师宠爱。

妹程银宝出生。银宝自小多受小青抚育,23 岁时嫁给城隍庙开花粉胭脂店的陈炳生。陈炳生不善经营,两人生活日渐衰微。1962 年,银宝在上海去世。

1905 年(12 岁)

12 岁,于私塾读书,开始读小说,所读第一本小说为《七剑十三侠》,对腾云驾雾、飞剑斩仇之事羡慕不已,想做侠客。多次购买玩弄弹泥丸的竹制弹弓,打碎邻居玻璃。从父亲藏书中得到《福尔摩斯探案》一种,对故事一知半解,但被深深吸引,重读数遍,认为福氏可畏,类似仙人,不能以谎言欺骗。时私塾内"说鬼话"之风盛行,亦沾染说谎恶习,自读此书后,恐父母、老师能窥破人心,说谎减少。

1906 年(13 岁)

拜入意大利来华音乐家杰诺威门下,学习铜管乐。

1908 年(15 岁)

因经济困窘而中止学业,滞留家中。无人作保、无钱送礼,致使拜师学生意不成。

偶从报上见振华西乐队招聘启事,即去报名,被录取,成为黑管演奏员。在乐队中,与赵芝岩和戴逸青友善。

1909 年(16 岁)

乐队因生意不景气解散。经乐队介绍,进入英租界南京路抛球场的亨达利钟表店做学徒,每天作工 10 多个小时。

开始向《申报》《新闻报》《时报》《小说月报》等报刊投稿。

1910 年(17 岁)

在亨达利认识吴姓师兄,见其家里颇多藏书,便借书苦读。

投稿至《小说月报》,被恽铁樵赏识,并致书延见,推荐书目,嘱咐其"温读《孟子》《戴礼》《史记》等篇"。得知其家贫,鼓励其求实学,勤奋斗,以坚忍之心对待生活苦难。恽的赏识和鼓励,在其创作之初对其影响很大。

之前,因与周瘦鹃身世相似,结为好友,一同在上海赁屋居住,切磋小说技巧。亦爱读《水浒传》,受益于金圣叹评点匪浅。

1911 年(18 岁)

进入业余夜校(一说夜校上海青年会)补习英文。此夜校系女友之父汪介臣为子汪洪生所开的英文夜馆,小青恰欲补习英文,听闻夜馆开业,便欣然托人前往。在夜馆中,结识女友"汪黛云"。

1912 年(19 岁)

与"汪黛云"性情投契,然汪父嫌其家贫,横加阻挠,拆散两人。

民国成立,立刻剪掉辫子。

1914 年(21 岁)

7 月 1 日,第一篇文言文翻译作品《左手》发表,正式登上文坛。

1915 年(22 岁)

春,举家由沪迁苏,应聘担任东吴大学(旧址位于今苏州大学天赐庄校区内)附属中学国文教师,兼任吴语科教师,教英语科外籍教师许安之(SHERETZ)、魏廉士等的中文,并与许签订合同,互教互学英文与华文(吴语),不久即能精读英文书。其间,住葑门百步街,与在东吴大学教书的好友戴逸青为邻,后迁望星桥畔的严衙前。小青从教半生,桃李众多,曾执教舒适、张翼鹏等,亦曾执教蒋经国国文,为其级任导师。

开始试译《福尔摩斯探案》。

1916 年(23 岁)

12 月 31 日—次年 1 月 3 日,第一篇"霍桑"探案小说《灯光人影》发表于《新闻报》,

"霍桑"、包朗登场。此篇中,侦探名霍森,至《江南燕》,方名霍桑。

本年,经周瘦鹃介绍,中华书局邀与周瘦鹃等合译文言版《福尔摩斯探案全集》,共12册,包天笑、严独鹤等作序,刘半农作跋。第6、7、10册为与独鹤等合译,第12册独译。约译20万字。

1917年(24岁)

春,在苏州东吴附中经人介绍,加入美国人办基督教监理会,成为基督徒,开始做礼拜,扫墓时也改烧纸钱为献花。后在1925—1926年,集中主编监理会刊物《福音光》。

秋,被苏州景海女子师范学校聘为国文教员,教授写作。

所译爱情小说《冬青树》由中华书局出版,曾再版。这是程小青独立署名的第一个单行本。

1918年(25岁)

上半年,与浙江平湖人黄含章结婚。黄含章,字觉民,与小青同庚,家在金山湾乍浦镇。黄父开木行,育子女九人,含章排第五,家人称之为五小姐。含章与小青结婚时,木行已半闭,嫁资无多。含章共生子女六个,然三个夭折,剩余三个为长子育德、女儿育真、次子育刚。含章擅英语,常朗读原文,助小青翻译。

10月,长子育德出生。育德毕业于东吴大学化学系,后至上海药厂做药剂师,曾译书《贝登堡传》,在小青主编之《新侦探》连载六期《毒物谈》,译侦探小说《白色康乃馨》。新中国成立后,在苏州新苏师范(今苏州职业大学)执教化学至退休。育德娶妻邓援,为常州人,就读于东吴大学生物系,婚后在东吴附中任教,新中国成立后在新苏师范执教矿物学。育德信奉基督教,有子程黎明。

1919年(26岁)

5月25日—7月22日,霍桑系列《江南燕》发表于《先施乐园日报》。时隔两年余,重新开始写霍桑系列,从此一发不可收。

开始与周瘦鹃、张碧梧、黄梅茵联合编译出版《欧美名家侦探小说大观》。

1920 年(27 岁)

在《妇女杂志》《小说月报》等刊物上发表大量科普文章,关注家庭琐事、生活常识、国民教育、各行各业发展等,创作、翻译、科普等均开始进入井喷期。

1921 年(28 岁)

3 月,女程育真出生。育真就读于东吴大学经济系,1944 年毕业,至东吴附中执教中文,后应美国《中美周报》之聘,襄理编辑,1947 年出版短篇小说集《天籁》。1948 年 1 月中旬赴美,于哥伦比亚大学研究院就读英国文学,同年 5 月与《中美周报》主编粤籍侨胞吴敬敷结婚,后定居美国。育真出国后,未再与父亲见面。育真育有二女,自小生活美国,不通中文。二女后都曾做心理咨询行业。育真少小受父亲熏陶,文学才华出众,为东吴大学才女,曾以"大青"为笔名发表文章。20 世纪 30 年代末,以"白雪公主"为笔名发表作品,40 年代是其活跃期,在《万象》《新闻报》《前线日报》《中美周报》等刊物上发表小说、散文等,是当时东吴系女作家群的重要成员。信奉基督教,作品带有很强宗教色彩,代表作《音乐家的悲歌》。曾写过《父亲》《怀念爸爸》等文,并为小青逝后之《茧庐诗词遗稿》作跋。

7 月,世界书局(沈知方创立)之办公楼"红屋"于上海福州路中心落成。1922 年世界书局创办《红杂志》,后更名《红玫瑰》,聘严独鹤等编辑,以较丰稿酬拉拢名声渐大的小青写稿。后沈知方约小青会谈,欲买断小青之后翻译、创作的所有侦探小说的发表权,小青不愿以鸟入笼而拒绝。后因世界书局常以股份赠送来抵消稿酬,小青亦成为其股东之一,后亦常参加股东大会。

1922 年(29 岁)

春,与赵芝岩同游览无锡惠山。

夏,前往乍浦避暑,数次至炮台观海。

7 月 9 日,青社正式成立,小青为创社会员之一。

9 月 8 日,午后,与内兄黄梅茵由苏州至无锡,与赵芝岩、陈金声共游惠山等地。

1923 年（30 岁）

6 月,开始主编《侦探世界》。该刊创刊于上海,是沈知方投小青所好而创办之刊物,编辑有程小青、陆澹安、施济群、严独鹤,后赵苕狂也接手编辑。该刊于 1924 年 5 月 18 日第 24 期后停刊,多为半月刊,前几期时间不定,后稳定为阴历每月朔（初一）、望（十五）两日发行,是国内第一个专门刊载侦探作品的杂志,发表了程小青、孙了红、陆澹安等一批作家的侦探小说。因编辑繁忙,小青对很多杂志的投稿中断,如合作 7 年的《妇女杂志》。

7 月,加入星社。小青多参加星社活动,是星社"三十六天罡"成员之一。7 月 9 日,星社第一次"每周茶话会"在顾明道处举行,小青参加。8 月,星社亦曾在景海女子师范小青处雅集。东南战火起后,小青曾欲征集星社同人,往战地参观,各写一篇非战作品,以便汇刊成集,作为星社出版物,来凭吊东南战祸。1937 年 4 月 6 日时,小青仍活跃于星社,参加集会,为徐卓呆、范系千二人洗尘。

9 月 9 日,游石门。

9 月,被聘为无锡《锡闻日报》名誉总编辑,编辑《锡闻日报》出版,且每星期日编辑出版《太湖》周刊。10 月,《锡闻日报》出版 40 余日后,辞去编辑职务。

秋,与程瞻庐赴锡,参加王西神之子贞运之婚礼,并担任司礼。

在苏州天赐庄东吴大学附近的寿星桥旁购地,建造十余间房屋。此屋堂前栽花木,后园有菜圃,因小青极度怕热,故其卧室四面有窗,一到夏季晶窗俱启,四面通风。程小青为此宅起名"茧庐",今为姑苏区望星桥北堍 23 号程小青故居。

以函授方式,在美国某大学（一说为美国警官学校）学习犯罪心理学及关于侦探应用之学问。

加入兰社。兰社由戴望舒、张天翼、施蛰存等人于 1922 年组织成立。

1924 年（31 岁）

春,邀徐碧波、姚苏凤、赵芝岩坐船至香溪天平山、灵岩山处游玩。

7 月 7 日,携妻子含章、小儿等往乍川小憩,出嘉禾,往鸳湖游玩一日,驾舟游湖,并登烟雨楼。次日,乘新式小轮船赴乍浦。

7月10日，清早，携内弟季章、襟兄杞伯等四人，往游乍浦蔡歧港，霓虹校长莫厚堃为导游，从蓬莱园出发，过黄山岭、灵官庙、上蔡歧山、蒲山、游海会寺，远眺海景。

1925年（32岁）

4月6日，写信给姚民哀，劝其行文不宜语多衰颓，应付诸达观，或寻求宗教精神之寄托。

5月8日，与朱青云会面，朱青云将孙了红所寄，且请其转达对小青敬意的信示小青，两人谈及孙了红。

5月9日，给孙了红写回信，称其作"属想空灵，运笔恣肆，尝数为我国反侦探作品下之杰出"，并道相惜之感。

5月16日，应友人之邀，参观模范电影公司，并观看尚未上映的新片《一月前》。

夏，应商务印书馆影戏部之约，著剧本《母之心》，受到杨小仲赞赏。开始引起编剧的兴趣。

10月2日，与钱释云合编的综合性文学杂志《新月》创刊。《新月》第1卷共6期，大体是月刊，第2卷共4期，改为半月刊，至次年6月10日停刊。该刊作品内容多样，不局限于侦探，特载、小说、杂作、余光、诗歌、补白、趣闻、互动画谜等皆有之。

冬，为俞天愤之画题五绝四首：《秋江垂钓》《晴溪泛棹》《江口归帆》《介石贞吉》。

本年至次年，集中主编监理会刊物《福音光》。

周瘦鹃主编合译白话版《亚森罗苹全案》出版，小青与朱青云合译第8册，并作序。

陈小蝶、丁慕琴等来苏，小青同郑逸梅、周瘦鹃为众人导游，共游天平山。

1926年（33岁）

2月，次子程育刚出生，亦有名程强。就读于上海第一医学院，毕业后分配至北京朝阳医院，曾任内科副主任，1968年被下放至青海省贵德县医院。1977年参加海南州政协会议。后某夜赴病人急诊，清晨被发现死于医院门口，终年52岁。娶妻常莹，曾参加抗美援朝医疗队，后为中国预防医学中心营养与卫生研究所副教授。有子、女各一，女在北京第四人民医院妇产科行医，子赴美读博，后在美国猝死。育刚亦为基督教徒。

8月24—31日,应校主任李伯莲和史玉岗之邀,由苏至杭游玩,由伯莲姻亲徐叔仁介绍,入住余君之涤尘湖舍,游览西湖,及钱武肃王庙、浙江忠烈祠、武松墓、东坡祠、乐天祠等。其间,困雨两三日,并写诗《题孤山冯小青墓》和《雨中吊苏小墓》两首。

10月,应沈知方之邀,主编的白话标点版《福尔摩斯探案大全集》出版,成为中国第一部真正意义上的"福尔摩斯全集"。

本年,对国画、电影的兴趣日趋浓厚。

因撰稿支持,多次被《新闻报》登报昭示,赠送额外酬劳,次年亦是。

徐卓呆、赵苕狂等来苏,小青与郑逸梅、范烟桥等为众人导游,共游惠荫园、拙政园、虎丘。

1927年(34岁)

夏(一说7月25日),应徐碧波、钱释云、叶天魂动议,出资与数人在苏州五卅路公园内创设苏州第一家有发电设备、可放映日场的影院"公园电影院"。

8月29日,迎接第十七军曹万顺军长、岳汝钦参谋处长、李德明师长等至公园电影院观影。

师从吴中名画家顾仲华学绘花卉,不久,用笔设色,皆楚楚可观。

曾在上海九亩地新舞台听蒋介石的北伐演讲。

1928年(35岁)

3月31日—4月2日,与东吴一中教师全体游虞山,并开旅行会议。31日,乘小轮船,由苏至虞,陆绥玉、孙蕴璞、张哲民昆仲做东,游玩两日,游览剑门等地,第三日开会。

5月13日,参与内政部长薛笃弼来苏之演讲活动。

9月,与赵眠云同访吴中名画家陈伽庵,后颜纯生、蔡震渊等至,获三位画师合作之秋图。

12月11日,参与东吴大学获得足球、网球赛胜利的庆祝会。

本年冬,师从陈伽庵学习国画,与柳君然、金挹清、赵眠云等同门,每遇好为丹青者,即往请益。后,绘画日佳,亦有西人购取陈列彼邦。

加入冷红画会。冷红画会最迟在 1923 年便已成立，由陈伽庵、樊少云等所组织，小青加入后，逐渐成为重要一员。且与书画界娑罗画会、长虹画社、苏州书画社等均有相当之联系，或加入（似亦为长虹画社、苏州书画社成员），或宣传。

1929 年（36 岁）

3 月 12 日，在东吴礼堂参加孙中山逝世四周年纪念日，作题为"中国国民党党史及目下训政时期之设施"的演讲。

7 月 14 日，应苏州美术专科学校校董吴子深等所邀，与 60 余位书画金石名家在苏州美术馆欢宴，挥毫留墨，并与众人合影。

8 月 7 日，参加冷红画会在志华花园举行的全体欢宴，其间冷红画会改为会员制，小青当选为冷红画会 9 人委员之一。

12 月 22 日，观汉剧于丹桂园。

1930 年（37 岁）

9 月 1 日，《佩宜女士殉学记》刊于《联益之友》第 160 期，悼念程瞻庐之女程佩宜，倡导体育教育。

1931 年（38 岁）

春，《霍桑探案汇刊》由文华美术图书印刷公司出版，共 6 册 18 篇。

12 月 13 日，致信《大光明》报姚啸秋，略言寻回失车之经过，并言勿公布窃贼姓名，以免其难以改过自新，且言小青、霍桑二者不同，不可同等看待。11 月，小青在公园电影院附近被人窃去他的老人头牌自行车，因小青素被视为"东方福尔摩斯"，《大光明》记者"青鹰"写《福尔摩斯失窃记》，嘲笑小青"仅能若现在所谓热血群众之纸上谈兵"，小青不忿，运用推理、实证之法，静待两旬后，于一日半内擒获窃贼，寻回失车。

本年，译编之《世界名家侦探小说集》开始由大东书局出版，该系列共《麦格路的凶案》《盲医生》《父与子》《血证》《瞽侦探》《瑞典火柴》《古邸中的三件盗案》《小屋》8 册，杨永清曾将此系列推荐给胡适，请其帮忙宣传。

1932 年(39 岁)

春,淞沪抗战期间,曾在寒冬腊月赶制羽绒背心,捐献给前方将士,并邀请第十九路军一负伤营长来家养伤。

5月28日,在城中王废基公共体育场参加淞沪抗日阵亡将士追悼会,号召政府抚恤家属,国人抵制日货,发奋报国。

8月5日,应王敬久师长之邀会晤,听其讲述第十九路军、第五军抗日血战之忠勇。

本年,所译范达痕之斐洛凡士探案系列《贝森血案》《金丝雀》《姊妹花》由世界书局出版单行本,该系列共出11册,1933年《黑棋子》、1934年《古甲虫》《神秘之犬》、1943年《龙池惨剧》《紫色屋》《花园枪声》《赌窟奇案》《咖啡馆》。

《霍桑探案外集》由大众书局出版,共6集16篇。

周瘦鹃家中丢失古玩十余件,请小青同查,小青由窗缝玻璃之指印查至一替工者,周以钱遣之,然原物未得。

1933 年(40 岁)

2月,《霍桑探案汇刊二集》由文华美术图书印刷公司出版,共6册14篇。

6月30日,暑假后一日,因凡士探案出版问题,由苏至申,晚赴严独鹤在加利西餐社之宴请,宿华君处,午夜腹痛呕吐,延请徐紫明医士,三针病除,叹中医之高明,不可断然抛弃。

1934 年(41 岁)

3月23日,参加中宣会召集的全国电影公司负责人谈话会,到场郑正秋等七八十人。早上开幕式,后谒中山陵,于明湖春电影同业会欢宴,谈话会后,晚间于中央饭店欢宴。次日,做反对肉感香艳等外国不良影片的报告,倡导维护国产影片,复兴民族精神。其间,收到各宣传会、电影院等的宴会邀请,在中央运动场参加集体百米跑,并担任司令官。

6月7日,于茧庐接受记者采访,提出要多一些建设性、民族性、教育性的戏剧。记者得知小青每天早晨6点起床。

6月13日,致函南京市长石瑛、首都警厅长,愿义务侦探,寻找日本"失踪"之藏本,并贡献意见。藏本寻获后,石瑛曾致函感谢。

秋,鲍而女士至东吴,小青参与迎宴,并携师陈伽庵和同门柳君然画册请其观赏。

1935 年(42 岁)

春,加入苏州书画社,并说动陈伽庵参加画展。

1936 年(43 岁)

2月17日,接某君书信,言小青托其为朱青云寻职之事已经办妥(去岁朱收入减少,小青常安慰,并为之谋职)。18日,给朱青云写信报喜。19日,朱遣人报病,令小青前往。小青因偶伤腿骨,不良于行,然扶疾前往。21日,朱妻来访,言朱病情加重,令妻含章前去探望,为其介绍医生。数日后,遣小童探望。3月1日,令妻含章往探,知其已处弥留,后扶杖往探未果,朱已亡。

9月,与庞啸龙合编的《袖珍标准英汉新字典》由三民图书公司出版发行。

12月31日,赴沪,本拟参加当晚星社雅集,留一宿,参加次年元旦《新闻夜报》举办之"夜声同乐会"。然因今日感冒未好,寒热复作,故立即返苏,将其金鱼画作交予严独鹤,令为同乐会之赠品。

担任东吴大学大、中学合组之青年部主日学讨论班的主领。

1937 年(44 岁)

4月4日,江苏文艺协会成立,小青加入。

4月6日,与星社同仁150余位雅集于正谊社,为徐卓呆、范系千洗尘,席间,以梅竹一小帧祝贺转陶婚礼。次日,应邀赴贝勒路同益里陶冷月家,观赏金鱼画30余幅。

4月21日,在草桥苏中操场听冯焕章讲话。

7月7日,卢沟桥事变,全面抗战开始。

8月16日,日军开始轰炸苏州。

8月中旬,东吴大学决定将大学部迁往湖州,中学部避难南浔。

8月17日,拼凑两千余元,与周瘦鹃家人、东吴同人一起,携全家8口,仓皇离苏避难,先至吴兴,后往南浔。在南浔居住近三月,执教于东吴附中南浔分校。后上海战线西移,南浔分校被迫停课。

11月11日,听从同事叶芳珪、牧长之介绍,与周瘦鹃、蒋吟秋一道,携眷离南浔,赴黟县五都叶村。一行50余人,买舟赴杭,13日至杭,14日由杭易徽江船溯新安江西上,于两日后舟途中赏富春江红叶,历12日,终到皖南屯溪,换小舟行八十里至渔亭,徒步山径小道约半日,至黟县南屏村(即叶村)。居黟县7月余。

以稿酬积蓄,在苏州盖新房,全部用国产木料与中式砖瓦。然新房刚成,即避难安徽,房被苏州监狱范典狱长占据。

1938年(45岁)

春,应黟人之请,在碧阳书院(旧址位于今安徽省黟县中学)创办该地第一所中学:东吴大学附中黟县分校。不久,与妻含章参加张梦白发起的黄山游,共12人,乘轿前往,后步行登岭。后登莲花峰、天都、毒龙背、观文殊院、西海、清凉台、桃花坞等,在山中寺院和中国旅行社之招待所留宿四宵,中途考察黄建会之建设。后在复课之东吴附中授课一学期,携带款项所剩无几,其间曾托至沪之学生周锡恩代为慰问星社成员严独鹤、徐碧波等,并接到孙筹成慰问信及上海故友之信,知故乡被洗劫一空。

4月9日,给寿伯、寒僧两人寄信,向两人道近况,致慰问,托其致意孙筹成,询问无锡乡间是否安宁,言生活清苦、缺乏单衣。

7月,因沿江战事紧张,黟县恐亦不安,携全家随东吴同人,自皖入浙,至温州。因战事封锁停留一周,交涉之后,经瓯江换轮来沪,逃难途中耗1600余元。后因不愿出入敌伪封锁线时向敌人鞠躬行礼,故抗战期间,一直居上海,未至苏州家中探望。

8月1日,去《上海报》报馆,访故友,谈逃难情景。

9月,被好事者捏造死讯,言程小青12日死于中德医院。

秋,归上海后,初寓白马路某厂房中,后住新乐路100弄18号(原亨利路永利村)徐碧波家客堂,共住五年之久。其时,郑逸梅与赵眠云主持国华中学,聘小青教授英文。闲时常与蒋吟秋看谢闲鸥画画,并为其推敲诗句,寻找画题,课余亦常在校长室一同挥毫。

  10月10日，与徐碧波合编的《橄榄》在上海创刊。小青在创刊号发表《卖橄榄引言》，认为橄榄象征着"苦尽甘来"，能"涤烦襟，散沉闷，醒醉梦，提精神"，"安慰一般焦虑，悲愤，颓丧，失望的人们"，以便"振作些准备未来的工作"。该刊共出创刊号、酬答号、新年号、春节号、清明号5期，刊有小说、散文、集锦联话、诗谜、漫画、讽刺画等，为市民类文学期刊，后因刊登作品"过于露骨"，被勒令停止发行，于次年4月6日停刊。投稿者多友人及星社成员，小青三位子女亦曾在其上发表文字。

  同年，恢复写小说、编杂志、作画、授课、编写剧本的生活。

  去岁东吴大学部分专业由苏迁沪，本年学生陆续至沪，东吴大学在沪复校，小青亦继续在复课之东吴附中任教，后亦介绍徐碧波在东吴附中任教。

  汪伪分子约稿，小青坚拒，徐碧波掩护其躲在自家三层亭子间里写作。

1939年（46岁）

  2月4日，《程小青声明》刊于《新闻报》，因苏州报纸盗用文章，为恐被人误会在沦陷区写文章，特声明凡游击区署名小青的，一概不是本人及授权作品。

  本年，所译欧尔特·毕格斯之陈查理探案系列《百乐门血案》等由中央书店出版，该系列共出《夜光表》《幕后秘密》《黑骆驼》《歌女之死》《鹦鹉声》等6集。

1940年（47岁）

  5月20日，在宁波同乡会参加陈蝶仙追悼会。

1941年（48岁）

  冬，因徐碧波节省开支迁居小屋，小青家与徐家分开，先搬至陕西北路1350号，不久迁居高福里（巨鹿路、长乐路之间），后在淮海中路附近的小桃园弄定居，即辣斐德路（复兴中路）1218弄38号，直到抗战胜利。

  本年，《霍桑探案袖珍丛刊》开始由世界书局出版。先出6册，同年再出4册，1944年出第11—20册，1945年出第21—30册。

奉天大东书局假冒程小青之名,出版《鲍尔顿新案之一:大拇指》,此书实际为1940年夏雨所译、中流书局出版之《大拇指》。

1942年(49岁)

1月26日,小青等20余位东吴大学教师组建正养补习学校(后改名正养中学),小青任国文教师。其间因名声大,恐被敌伪注意,改用"程辉斋"之名办学。

夏,与顾明道合作扇面,在扇店中出售,提成资助申、新二报的贷学金,为书画界称道。

8月1日,文艺界同人在大西洋西菜社为程小青庆祝50岁寿辰与银婚纪念,祝贺者有严独鹤、范烟桥、蒋吟秋、顾明道等数十人。小青事前不知,后颇为艰难岁月里叨扰友人而不安。

本年,撰写小说的兴趣减少。为培养晚年的兴趣起见,"想以色笔来更迭墨笔"。

给学生寄信,言"竟不知来日大难,将如何支持也"。

1943年(50岁)

9月,长孙黎明出生,"黎明"寓抗战早日胜利之意。黎明后为机械工程师。

本年,所译纪德列斯之圣徒奇案系列《赤练蛇》等由世界书局出版,至1946年之《摩登奴隶》,该系列共出《假警士》《神秘丈夫》《怪旅店》《女首领》《惊人的决战》《百万镑》《发明家》等共10册,其中《窝赃大王》在1940年曾出版。

所译奥斯汀之《柯柯探案集》由世界书局出版,收《独眼龙》《验心术》《巴黎之裙》3篇,两年后加入《女间谍》,再次出版。

1944年(51岁)

3月21日,至上海华懋公寓(今锦江饭店)参加周瘦鹃子周铮的婚礼。

4月2日,致信陈蝶衣,请其为《霍桑探案袖珍丛刊》第二辑作序。

5月13日,顾明道托家人电话相招,探望重病之顾明道。

5月14日,与陶冷月、郑逸梅等在八仙桥青年会祝贺孙筹成哲嗣云翔新婚,接到顾明道的噩耗，与众人商议共同具名为顾明道妻儿募捐。

5月15日，参加顾明道葬礼。

11月4日，与严独鹤、郑逸梅等同至"风雨楼"（英士路丰裕里98号2楼）为陶冷月庆祝50岁寿诞。

1945年（52岁）

1月22—28日，在红棉画厅陶冷月的红棉画展中，附20帧精美扇面展出。

8月，应吴某转托孙筹成之请，画扇面5帧。其时，一家四代生活全赖小青承担，授课、伏案不绝，自言未来愿回归吴门，做个太平隐士，友朋相伴，山水闲游。

8月15日，日本投降。

9月1日，东吴附中复校，小青任附中训育主任。

9月2日，日本签订降书，抗战胜利结束。

秋，患腰痛病，不能久坐。后，友人告知健腰法，一月后渐渐好转。

本年，重回苏州，仍居望星桥茧庐，并继续在东吴附中任教。

1946年（53岁）

1月15日，主编的《新侦探》创刊于上海，至次年6月1日停刊，共出17期，多为月刊或半月刊，有图照探案、短中长篇、研究、特载、小探案、杂俎等内容，是专门的侦探文学杂志。小青在《引言》中重申侦探小说在娱乐、科学、理智上的作用，号召为侦探作品培育更好的环境。该刊与孙了红主编的《大侦探》形成"一青一红"的"对峙竞争"局面。

8月，与48位书画家联合义卖，为欲建而缺乏资金的"吴县公医院"募捐。

所译奎宁之《希腊棺材》由中央书店出版。

1947年（54岁）

3月19日，诉四行储蓄会、聚兴诚银行千倍赔付案在上海地方法院开庭。1941年和1942年曾在两行存3笔款项，到期后，因敌伪强迫国人用伪币，不愿去取，胜利后需钱领取时，法币已贬值数千倍，故索求1000倍赔付，两行不许。请陆葵庆律师辩护，提出千倍赔偿、自存款日至执行日按约定利息给付、被告方承担诉讼费。庭审后,于 24 日宣判,小青败诉。后,续讼至高院,高院民庭于 10 月 7 日第二法庭开审。

春,东吴附中有宿舍丢失名贵化妆品,失主商请小青侦查,结果未知。

4 月 5 日,与张梦白、李惠林、陆鸿钰等 20 位东吴同人游览溪口归来,寄宿武岭,恰逢蒋介石等至武岭,一起在武岭学校广场参与提灯会。次日,与东吴同人一道,在武岭中学礼堂参与复活节礼拜,并听蒋介石讲道。在武岭盘桓数日,其间,应武岭训育主任虞寿勋所请在纪念周演讲。

5 月 2 日,参加杨永清回校的欢迎会。

6 月 27 日,与范烟桥、周瘦鹃冒雨往见僧人闻达,同作洞庭西山之游,共游玩三日。

11 月,"普选"期间,去东吴镇投票,并帮助老汉投票。

冬,复新书局经理周芝芳等假冒程小青之名,刊行"侦探奇情小说"《原子大盗》和《假面女郎》。小青因此举卑劣不堪,请律师陆仲良(即陆葵庆)向上海地方法院提起诉讼。

冬,与范烟桥、蔡震渊、柳君然等集会于周瘦鹃之紫罗兰庵,作"丁亥消寒雅集",16 位画师合作大中堂"岁朝集锦"(亦名"岁朝图"),小青画荸荠、橄榄。

本年,所编译之《短篇侦探小说选》由广益书局出版,小青作序。至次年,共出《石像之秘》《幕面人》《谁是奸细》《黑手党》《漏点》《黑窖中》《圈套》《天刑》《红幔下》《三跛子》等 10 册。

所译之《画中线索》由艺文书局出版。

忧心严独鹤的神经衰弱症,曾致信劝其辞掉事务繁重的《新闻报》编辑,迁居苏州。

1948 年(55 岁)

1 月中旬,女育真出国。

3 月 3 日,控复新书局案开审,小青特从苏至沪参审,小青胜诉。

5 月 31 日,女育真在纽约中国大厦与吴敬敷结婚,杨永清、江贵云、包文俊等亲临观礼。因远隔重洋,小青同日在苏州天赐庄圣约翰堂举行感谢礼拜,备茶点招待亲友,收到陶冷月赠礼之《设色芭蕉图》。

本年,世界书局"霍桑探案"30 种已重版 6 次,各校图书馆纷纷采购。

1949 年(56 岁)

1 月 20 日,杂志《红皮书》出版,与孙了红一起出任编辑顾问,为杂志选登侦探、冒险类小说。小青担任至杂志终刊。

2 月 17 日,接尤智表居士信。18 日,回信言信奉基督教是因宗教信仰重在实践,基督教推行救人、爱人,而佛教则多独善其身。

苏州解放后,参加庆祝游行。

1950 年(57 岁)

参加苏州市教育局的土改政治学习。

1952 年(59 岁)

全国高校院系调整,东吴大学结束,苏州东吴附中高中并入苏州中学(今江苏省苏州中学),小青结束东吴附中教师工作,在新更名的苏州市第一中学任语文教师。

1953 年(60 岁)

8 月 3 日,为莲花生日,与周瘦鹃、陶冷月同雇一船,往黄天荡观莲。

1954 年(61 岁)

2 月 19 日,继续担任苏州一中语文组教研组长。

8 月 30 日,续聘语文组教研组长。

与周瘦鹃同往北京,曾去杨大淳家,令杨为导游,三人同游北京名胜。

1956 年(63 岁)

1 月,《大树村血案》由上海文化出版社出版,封面标"反特惊险小说",一改私家侦探小说写作,开始写作以革命、反特、阶级、群众、公安警察、合作社等部分词汇为关键词的 4 部"惊险小说",销 25 万册。

7 月,在柴德赓、谢孝思动员下,加入中国民主促进会,后成为苏州民进第一个支部——民进文化支部成员,以及民进江苏省委常委。后又成为苏州市政协委员。此后,参加政协苏州市第二届委员会至第五届委员会的各次会议,在政协苏州市第二、三、四、五届委员会委员名单中,皆有民进代表程小青的名字。后,亦成为作家协会江苏分会会员,省文联委员,市文联常委等。

秋,应周瘦鹃之邀至其家,与范烟桥、汤国梨等一起为章品镇筹办《雨花》出谋划策。

10 月,《她为什么被杀》由上海文化出版社出版。

本年,所在之语文教研组被苏州一中评选为先进集体。

受政策影响,调离苏州市第一中学,专事写作,小说创作转型。其"惊险小说"的创作,受到公安部门的协助。

1957 年(64 岁)

春,与陆文夫一起去连云港参观,其间向陆文夫吐露想整理重印霍桑系列的愿望。

4 月,《不断的警报》由江苏人民出版社出版。

5 月,下贾汪煤矿的一个工作面参观,亲见工人如何采煤。

7 月,《生死关头》由江苏人民出版社出版。

"反右"运动不久,程小青被打成"右派",程育真在美国通过外交途径联系到周恩来,程小青方得解放。

1958 年(65 岁)

11 月 27—31 日,参加政协苏州市第二届委员会第一次会议。

1959 年(66 岁)

7 月 22—26 日,参加政协苏州市第二届委员会第二次会议。

9 月中上旬,因患神经衰弱症已久,服药不愈,接受子女建议,携妻至北京,宿次子育刚医院(北京市第三医院)的宿舍内,其间,杨大淳曾多次探访。

9月19日，致信周扬，请求其赠送两张国庆十周年观礼券，以便躬逢其盛，瞻仰毛泽东风采，并托其代为致意胡绳。

10月1日，在天安门前观礼台上观看国庆十周年典礼。

1960年（67岁）

2月21—26日，参加政协苏州市第二届委员会第三次会议。

4月，当选苏州市文教群英会代表，并在会刊上发表《管教凯歌响春雷》。

1961年（68岁）

5月下旬，与周瘦鹃六人同行，从上海乘海轮先入温州，再乘汽车经乐清县入山区，在雁荡游玩10余日，其间在山7日，来回半月，观赏了大龙湫、小龙湫、燕尾等瀑布，灵峰寺、灵岩寺等庙宇，及雁荡怪石。

6月22—27日，参加政协苏州市第三届委员会第一次会议。

9月，与周瘦鹃、范烟桥、蒋吟秋等20人一起，参加中国作家协会江苏分会组织的宜兴之旅。25日出发，先至无锡，再转宜兴，下榻瀛园招待所。26日，往善卷洞游玩。27日，前往湖㳇镇，步行至张公洞，以火把、汽油灯照明参观。29日回到苏州。

10月25日，回信魏绍昌，介绍自己的小说著译情况及《一只鞋》的写作、出版情况。响应政策，经历了历史小说写作的短暂热潮。

开始大量用毛笔写作旧体诗与朋友往还，成为诗词创作的又一个高峰期。

1962年（69岁）

5月9日，参加政协苏州市第三届委员会第二次会议。

6月6—21日，在南京参加政协江苏省第二届委员会第二次会议，并与周瘦鹃、范烟桥、林散之等作诗唱和，共游秦淮河等地。

7月，70岁大寿。设宴松鹤楼招待亲友，徐碧波、郑逸梅、周瘦鹃、范烟桥、蒋吟秋、柳君然同来祝贺，宴后摄影留念，郑逸梅等留宿其家。其时，小青早已与周瘦鹃、范烟桥、蒋吟秋被合称为"苏州四老"。作七律《七十述怀》3首，并送汪东求正，汪东作词《南歌子》回应。

7月26日—8月5日，参加政协苏州市第三届委员会第三次会议。

7月，完成《苏州园林》七律组诗12首，分述沧浪亭、狮子林、拙政园、留园、网师园、怡园、环秀山庄、西园、寒山寺、虎丘、天平山、灵岩山，写各园林之历史、特色及新貌。后将此组诗油印成册，赠送好友。柳北野曾步其原韵作组诗《和程小青翁苏州园林七律十二首》和之，小青阅后称赞，并转信徐碧波、钱释云共赏。

8月中旬，携家人至北京，曾宿香山饭店。

9月3日，在京会晤陈慧。

9月4日，致信阿英，询问其地址，言将拜访。

9月，游北京，登长城，游卢沟桥、颐和园，参观人民英雄纪念碑。

11月，游无锡。

本年，在京居住时，因盖鸭绒被，不合体质，生一身荨麻疹，后回南一年多（一说三年）方痊愈。又在北京购买一兰令牌自行车，归苏后，常骑自行车四处飞驰。

1963年(70岁)

3月，游南京莫愁湖。

8月8日，携杨大淳，及子育德、育刚，孙黎明等宿灵岩寺。此前，接待至苏的杨大淳，令其住于家中。又邀周瘦鹃、范烟桥、蒋吟秋，与杨大淳五人聚会于松鹤楼。

8月，登灵岩山。

8月，接女育真家报，并作旬日游。

9月，游长沙岳麓山。

9月，游桂林。

11月，游无锡虞山。

趁文艺界形势好转整理旧作。

1964年(71岁)

1月13—19日，参加政协苏州市第四届委员会第一次全体会议。

4月19日,致信陆澹安,谢其赠《小说词语汇释》,言将与周瘦鹃、范烟桥、蒋吟秋联袂去沪,为周瘦鹃、郑逸梅、陶冷月三人庆贺70岁大寿,并询问时间。言周一、周四政协学习,与鹃、桥、吟三人同组。

4月24日,复信陆澹安,同情其诗,并言自己破解愁闷之法为二三老友聚谈、种花学画。

4月,《毛泽东选集》4卷本出版后,与周瘦鹃等七位民进人士组织学习毛著小组,每周六下午至周家学习一次。

5月16日,与一众友人在上海新雅酒楼为周瘦鹃、郑逸梅、陶冷月三人庆祝70岁大寿,宴后合影留念。

7月12日,在园中纳凉,因躺身的藤制活动摇椅铰链没旋紧,在其转侧身时,将其左手小指轧去一截,急送医院治疗,后特制一金属套管防护伤口。伤愈后作七绝《断指》,徐碧波和之曰"不期断指能成谶,四十年前旧事新"。因小青曾作《断指团》,故亲友多言此事竟成一谶。

1965年(72岁)

春,携带画册,请周瘦鹃为其题诗。亦常骑自行车"招摇过市"。胡山源等亦曾来访。

秋,苏州市政协组织各界代表到郊区娄葑公社联合大队第一生产队参加秋收,小青自觉报名参加,与农民同吃同劳同住,忆苦思甜等。

12月22—29日,参加政协苏州市第五届委员会第一次会议。

1966年(73岁)

"文革"开始。不久与周瘦鹃、范烟桥被诬为苏州的"三家村"。

8月31日,与周瘦鹃、范烟桥同天被抄家。此后,被赶至屋内一室居住,多次被揪斗、批判。曾在开明大戏院与陆文夫一同被批斗。

1967年(74岁)

3月31日,得知好友范烟桥去世,几次痛哭晕厥。

1968 年(75 岁)

3 月 12 日,张春桥接见苏州"造反派",否定周瘦鹃、程小青、范烟桥(已故)这三只"老蝴蝶"。之前,因苏州两家"造反派"相互斗争,小青等得以短暂"喘息"。此后,被点名的周瘦鹃被主斗,小青等亦在开明大戏院陪斗。

8 月 12 日,周瘦鹃投井自尽。小青得知,悲痛欲绝。

1970 年(77 岁)

被软禁在家。次年被宣布"解放"。

1972 年(79 岁)

本年,小青曾往上海,住四平路胜利村外甥女陈月梅(程银宝之女)家,郑逸梅、徐碧波、陆澹安等发起为之祝寿(80 岁大寿),且至陈家相请,小青以虚龄婉辞。

写书法"常乐"二字。

1973 年(80 岁)

1 月 23 日,致信友人(一说为郑逸梅),言"贱躯偶感乏力,两足酸感,惮于走路,连休息几天,已觉得好些"。

7 月 20 日,80 岁寿诞,六名学生王鼎兴、汪泓宏、丁兆璋、杨建奇、严正、唐鄂生约定从外地赶来祝寿,并拍照留念。

12 月,程小青往人民医院医牙,恰逢三十年未见之友人来访,友人寻至医院,后二人在松鹤楼欢宴。

冬,录苏东坡诗《红梅三首·怕愁贪睡独开迟》送郑逸梅。

本年,庆祝老友焕章 80 岁大寿,写书法祝贺。

1974 年(81 岁)

春,写书法祝贺郑逸梅 80 岁寿诞。

春,至沪探视亲友,平襟亚宴请其于新雅粤菜馆,陆澹安、郑逸梅、徐碧波等作陪,席间第一道菜即为豆腐,众人皆惴惴不安,小青却并不在意。不久,小青将徐碧波、蒋吟秋寄给他的诗信送至蒋处,令两人自己保留,引起徐、蒋惶惑。

积极参加政协组织的政治学习。身体检查,发现心律不齐。

1975 年(82 岁)

2 月 4 日,参加苏州市委、"市革会"举行的爱国人士春节座谈会,聆听周恩来《政府工作报告》,并发言拥护。

4 月,书法录旧作送长寿同志,诗曰:"美玉珍珠色泽奇,玲珑透剔匠啼饥。黄金粪土黎民血,从古帝王只自私。"

8 月 15 日,妻黄含章病逝,终年 83 岁。

9 月,作七律《悼亡》两首。其二云:"累累药瓶满眼前,多方治疗病难痊。八三长寿仍嫌短,九九遐龄始觉全。几日昏迷犹问事,有时振作罢安眠。如今最是伤心处,秋节前朝撒手天。"后将此诗寄示陆澹安,表达其哀。

9 月 29 日,致信郑逸梅,谢其吊唁亡妻,慰问其家人,附函托其转交亚光、徐碧波。

秋,将四明人柳北野和其苏州园林的组诗寄给徐碧波,请其欣赏,并请其阅后转寄钱释云。后小青亦曾为钱释云之《梅边寻句图》题咏,并转介绍柳北野为其题咏。徐、钱二人遂在小青介绍下与柳北野相识。

10 月,同孙女(育刚之女)赴沪,住陈月梅家,与郑逸梅等相见。

1976 年(83 岁)

1 月 17 日,致信徐碧波,抄录悼念周恩来诗二首。

2 月 10 日,赠诗柳北野,有"东风秀色无边美,共度暮年晚照明"之语。

4 月,游苏州东山。

4 月,儿媳邓援 60 岁,为之作七律《儿媳邓援喜逢花甲赋此贺之》。

4 月,赴常熟。

秋,于家中接待陆文夫。

9 月 23 日,致信徐碧波,感叹叙旧,此为徐收小青之最后一信。

9月28日,感染肺炎,查得为心、肺、肾的并发症(徐碧波言为肾盂炎症)。

10月12日,病情恶化,抢救无效逝世,享年83岁。小青去世后,葬于妻黄含章旁。2005年重建,墓址现位于苏州横泾公墓尧南墓区。

本年逝世前,只能翻看报纸、轮着向老友写信或写诗(能通信的几位老友的地址被抄在一张纸上)等消磨时日。这也是其最后数年晚年生活之一况。

无形的遗产
——漫忆祖父陈映霞

陈炳彪 口述　黄琼瑶 整理

  陈炳彪是陈映霞之孙，1947年生于上海，现为常熟书法名家，中国书法家协会会员，曾任常熟市书画院院长，多次举办书法展，著有《陈炳彪书法作品集》。在祖父身边长大的他，可以说正是在家庭艺术氛围的熏陶下，较早就受到艺术启蒙。陈炳彪的女儿陈未，幼承家学，如今亦是中国书法家协会会员。2017年，在美国举办父女书法展，家学渊源，洵非虚语。笔者有幸联系到陈炳彪先生，并进行了一次关于其祖父陈映霞的深入访谈，对于了解陈映霞其人其作，具有十分重要的意义。

陈映霞、周淑贞夫妇，摄于1964年

陈炳彪： 祖父是闰五月十七生的，叔叔说祖父的祖籍也许是安徽。祖母周淑贞是土生土长的常熟人，受过教育。祖父从常熟到上海，在那里读书、工作、画画三十几年。1947年，我在上海出生。因我父母精力有限，只能留我哥哥在身边，准备回常熟的祖父母便把我带在身边，那是1948年。所以我是在祖父母身边长大的。其实后来也可以把我送回上海，但是祖父母非常喜欢我，舍不得，就一直留我在他们身边了。

  祖父家在六弦河旁边，是一座五进的大宅子，宅子最后面是一个大院子，有五颗大枇杷树，可以爬上树去摘枇杷，还有柿子树和竹林。那个院子有多大呢，反正公家没收之后，那个院子成了一个小学的操场。我还清楚地记得祖父家的厨房间比我现在住的房子还大，还有一个单独的米仓，里面堆的都是粮食。家里有三个仆人，祖父母不需要做太多家务，但祖母每天早上会去买菜，买回来后，祖父会帮忙择择菜、洗洗虾。此后就是每天必须的画画时间。祖父本来耳朵就不好，专心画画的时候更是听不到外界的声音，直到祖母好几次喊他吃饭才停笔。祖父喜欢对着静物写生，晚年画了不少草木蔬果，还有鱼虾之类，我想和他与祖母每天接触这些蔬果的经验有关。祖母也是学过画画的，是我们常熟画家王琴生的徒弟，所以祖父画完之后要跟祖母交流的，祖母就是祖父的第一观众，两人一直是恩爱夫妻。

祖父的书房旁边有一棵很大的桂花树，这棵树有多奇怪呢，桂花一般是五瓣花瓣，但这棵桂花树树冠部分的花开五瓣，下半部分的桂花花开却是六瓣。祖父惊喜，于是书房名就取作"六品丹桂轩"，他自然也就叫"六品丹桂轩主人"了。如今祖父已去，家宅被拆，这棵桂花树倒是留了下来，被移植到常熟的燕园里去了，树龄应该有一百多年了。祖父的书房先是在里面小一点的那间，后来书装不下了，搬到一个大厅。这个厅分成三个部分，左边是祖父的中国画和藏书，那简直就像一个书库；右边是留给我父亲放油画的，父亲回常熟的时候，就在那里画油画；中间是通道。

祖父从上海回到常熟，先是被专门制造外销工艺品的工艺美术厂请去画蛋画，都是套式的作画，不需要个人创造，画画的人在这里被看作匠人，而不是画家。祖父觉得没意思，画了两幅便不干了。后来经他的朋友、留德回来的医生周冠文推荐，到常熟卫生学校画彩色人体解剖图。画这种画需要极强的观察能力，也需要对西洋技法和人体比例都了熟于心才能胜任。这个工作祖父爱干，持续画了许多年，收入也比较可观。

当时家里的生活条件在常熟来说算是非常好的，祖父绘画带来的收入也不少，比如1956年参加江苏省的展览，他画的仕女画就被别人买走了，卖了100元，在当时也不是小数目。但祖父母都是节俭人，大部分积蓄都用来收藏书画。他们那辈人，名利上看得比较淡，更注重生活的情趣。只要摩挲他的那些收藏，祖父就感到开心。祖父房间里有许多宝贝是绝对不让外人碰的，我也不能，每年梅雨季过后拿出来晒晒太阳，晒一小会儿就赶紧收回去放好，那些都是他收藏的名家作品。他有个抽屉，里面全部是名人扇面，喜欢得不得了。我知道里面有任伯年的、黄宾虹的，要是留到今天，价值都不得了。祖父晚年最喜欢临摹的，也是任伯年的作品。

祖父还有一堆宝贝，就是他订的外国杂志，床头到靠墙之间的位置堆满了外国杂志。你说这个老头奇怪吧,他怎么会看这些?那些杂志祖父是绝对不让我们看的,小时候不懂,大一点会英语了,才想起来杂志上有 L、I、F、E 四个字母,这不就是美国的 *LIFE*(《生活》)杂志吗?我想,在上海工作生活 30 多年的经历,一直影响着他的理念和习惯,他对西方的东西是很接受的,很开放的。不管生活还是作画,总归比我们常熟地方上的画家超前些。从我记事起,祖父就是光头形象,是祖母亲自给他剃的。祖父出门喜欢戴帽子,常戴一顶白色铜盆帽,还有一顶是黑色的船型帽,和当时的印尼总统苏加诺戴的那个很像。手里拄着一根拐杖,夏天会带一把扇子,冬天围围巾,一派洋气,这样的派头在常熟还是引起不少注目的。我至今都想买一条跟祖父当年一样的纯色羊毛围巾,印象实在太深了。此外,祖父的吃穿用度上就没什么名贵的东西了。

　　我整理他遗物的时候才发现《映霞新装百美图》,当时还疑惑他怎么还画过这种画,他画这百美图有什么用?一九二几年出版的,我想那时候应该是为了生计,画了这么多。他画的都是现代女子啊,很时尚。而且他怎么还会搞服装设计,我真是佩服。旁边的景也蛮好,都是西方的景,难得他会有这种想法和理念,真是厉害。他和庞薰琹关系好,可能与这个也有关系,庞对他影响很大。祖父也画过月份牌,所以才和杭穉英、谢之光关系好。我在常熟住的房间里挂的就是他画的月份牌,"文革"时被撕掉了,现在一幅都找不到了。他的仕女画得尤其好,所以他散落在外边的画多半是仕女画。祖父的仕女画造型准确,画面新颖,尤其是在扇面那么小还那么曲折的地方,还画得那样精细。祖父的画受西方影响大,但他又把中国画里面的东西也放进去了。许多美术家朋友也告诉我,说我祖父画的仕女跟别人画的不一样。祖父书法也好,学王献之,写得很劲道。

　　祖父听力不好,据说是因为年轻读书时候喜欢默读,嫌同学吵闹,就一直用双手按着耳屏堵住耳朵,长此以往,耳朵就重听了,到了晚年更加严重,因此跟他说话一定要大声点或凑近他耳朵说。但这种生理缺陷,倒是给他营造了一种"两耳不闻窗外事"的环境,让他能静心画画,没有其他纷扰。

　　祖父为人低调,常来往的是常熟当地的文化人,有画家沈重烟、竹雕家杨仙农,还有书法家濮康安。我后来看到一张祖父与这些常熟老友在人民公园里的留影,祖父光头,在四人中最为瘦削,但精神气很足,很有风度。祖父与和尚亦有往来,常去兴福寺赏花、闲谈,号"凡千居士"也许与这个也有关。祖父还带过许多弟子,我后来知道的是两位女弟子，一个叫蒋丽琳，后来考取了巴黎艺术学院，一个叫孙丽萍，后来搞了装潢艺术，现在应该也不在世了。

我印象中祖父情绪最激动的一次，应该就是1959年，他一直订《人民画报》的，突然在画报上看到纪念五四运动40周年的特别报道，他叫了出来，兴奋得不得了，原来是看到了自己40年前画的传单被刊发出来了。他还跑到茶馆拿给人家看，并且在画报旁边写满了批注。后来这册画报被常熟市档案馆拿去收藏了。

祖父母有四个子女，但当时与他们同住的孙辈，就只有我一个。他们想把我往书画方面培养，祖父画画时，允许我在书房看。四五岁开始，祖父就拿着一把戒尺坐在旁边盯着我写毛笔字了。写得不好，用戒尺"咚咚咚"敲桌子，再不认真，就要挨打了。画画倒是祖母教得更多，那时候不懂事，觉得写字画画都是苦差使，尤其是因为经常看祖父画画，觉得太难了，相较起来，还是书法更方便，所以我慢慢地就不那么抗拒了，喜欢上了写毛笔字。祖父拿着戒尺教我书法的方法，我后来也在女儿身上实践了。

祖父的长子陈磐，就是我的父亲。父亲小时候就学画，后来读了刘海粟办的上海美专，还认识了我母亲，我父母亲都是上海美专毕业的。我父亲学西画的，油画画得好，尤其是人物肖像，我祖父办展览的时候，祖父的肖像画就是他画的，因为画这幅肖像的时候我就站在旁边看，所以印象很深。我父亲也给母亲画过大幅的油画肖像，就挂在他们上海均益里房子的客厅。父亲画肖像是出了名的，所以他那时候还画过许多领袖肖像，后来知道了，出名并不是什么好事。

陈磐青年照

变故是1965年开始的，当时我被派到常熟的农村插队，因此1966年红卫兵来祖父母家抄家的时候，我并不在他们身边。据堂弟堂妹说，先是祖父被打，然后祖父的收藏、祖父母的个人作品、祖父喜欢看的书，全部被付之一炬。祖父母承受不了这样的打击，不久撒手人寰。我赶回去将他们简单安葬，就葬在虞山。此后，家里的宅子被收缴充公，而我继续回到了插队的地方，一直待了13年。

陈磐夫人周淑芳在上海均益里家中，
墙上为陈磐为周淑芳画的油画肖像

我之所以说父亲出名不好，就是因为他在特殊时期被抓进监狱，理由是海外关系复杂，有里通外国的嫌疑。其实那些联系人都是他以前上海美专的同学，有人去了香港，因为关系好，彼此之间常打打电话，通通信。父亲关了七年后出来，已经不成人形，瘦骨嶙峋，双腿变形，精神也不太正常了，没过多久就离世了；我母亲活到了86岁，但晚年双目失明，也没能享什么福。

我插队落户的13年中，本有许多次可以改变人生的机会，比如考外交部的翻译、江苏人民广播电台的播音员，每次考试我都顺利通过，但是，又每次都因为家庭背景调查不通过而终止。最终，还是祖父教给我的书法，让我在插队期间有一技傍身，我也愈发感觉到，我的经历应验了我父亲曾说我们家的人吃不了"开口饭"的谶语。事已至此，我便潜下心来，钻研书法。想起那些站在祖父书桌边看他画画的日子，我想，继承他的遗志，也许就是我此生的使命。我这条路走对了。现在许多人说我写得好，但是我知道，比起我祖父、父亲，我还是差远了。

我在2011年编写了《陈映霞书画作品集》，虽说是作品集，其实就是一种拾遗，都是劫后余生的碎片，家里的后辈一齐出力，四处访亲问友，勉强凑成80多幅。排版、设计、编写、印制都是我自己做的，红色的环衬纸，是我专门坐早班火车去上海福州路挑的。一共印了一千册，没有公开发行，只是想在后人之中留作纪念，常熟市档案馆也收藏了两册。我不过是尽力归拢些碎片，希望至少家里人、他曾经的好友的后人、常熟当地的美术家，以及对他感兴趣的人，可以看到他留下来的一点点东西，知道常熟还有这样一个人，这样一位画家。收集祖父作品的时候，我愈发地佩服他，他怎么画得这么多，还画得这样好。

但没想到，这本画集出来之后，因为有一定的传播度，常熟电视台还找到我，专门拍了一期节目，就叫《追寻陈映霞》，属于"常熟文化人"系列之一。许多人看到相关新闻报道后联系我，说自己手里有我祖父的作品，兴福寺的和尚也联系我，说寺院里也有遗存。祖父一生笔耕不辍，我相信还是有一些流落在外、没有收录的作品，不知道以后还有没有机会继续补充。最可惜的是我父亲的作品一幅都没有留下，只有一张黑白照片留存。祖父举办画展时父亲为他画的那幅肖像,我也把它收进作品集了,原作早就不知道流落何方了。

虽然祖父的画作存世的不多,但他留给我们家人很多无形的珍贵遗产。我要谢谢他教给我的本事,如今我们一家人生活安定,我每天可以写写字,很满足。

陈炳彪先生在访谈现场题写"映霞新装百美图"

采访附记

访谈是在炳彪先生位于常熟六弦河附近的书法工作室进行的,那天是春节后常熟第一次下雪,也是我们初次见面。我一进他的工作室,炳彪先生就说工作室空调不够暖,所以事先给我准备好了一只热水袋。其实室内已经足够暖和,但我一直捧着这只热水袋,直到三个小时后访谈结束。炳彪先生今年已经77岁,精神矍铄,笔力遒劲,比他的祖父、父亲都更长寿。谈起祖父,他反复说了好多次感谢。他说,以前国家遭了很大的罪,人民吃了很多的苦,他的人生轨迹也发生改变,但现在他能拥有这一切,都要感谢祖父陈映霞。

陈映霞是我在作近代上海时装仕女图研究的博士论文时关注到的人物。画时装仕女的画家很多,许多画家不过应时创作,陈映霞的时装仕女画在其中好得突出,但却怎么也找不到他更多的作品留存和文献记录。我便四处搜索,偶然发现他的后人还在世,并且是有名的书法家,我就下定决心,无论如何要做一次访谈。终于,几经波折拨通炳彪先生的电话,我本来还在忐忑该如何与这样一位身份、年龄悬殊的前辈交谈,没想到他接起电话第一句话就是问我:"你是怎么关注到我祖父的,谢谢你。"如今访谈结束,我所研究的陈映霞,变成了一个有温度的具体的人物。其实还有太多像他这样被埋藏在历史灰烬之下的人与事,比如他的长子,同为画家的陈磐。美术史家温肇桐曾称赞陈磐,年纪轻轻油画作品就相当成熟。但后来因为作品不见于世,陈磐不被任何美术史所记录。希望我这一点微小的研究,能够让他们的存在被更多人看到,他们曾经怎样活过,又怎样离开,这是我们作海派绘画研究时,对于只见其名、不见其作的画家应有的态度,也是我们作为一个研究者,最应该珍视的价值。

炳彪先生知道我研究他祖父的时装仕女图,便专门带来了家中遗存的几册,我既庆幸又怅然。他还专门题写了一幅字"映霞新装百美图"送给我。如果有一天,遗存的画册可以被打捞再版,这将是最合适的封面题字。从"虞山陈映霞"到"虞山陈炳彪",跨越了近一个世纪,斗转星移,生死苍茫,惟美永恒。

师承"上海"的虞山画家陈映霞

黄琼瑶

    2023年年初刘海粟美术馆举办"慕琴生涯——丁悚诞辰130周年文献艺术展",掀起了对民国时装仕女画及其视觉文化的讨论热潮,不仅是丁悚,同时代的徐咏青、沈泊尘、但杜宇、张光宇等一批民国画家陆续进入大众视野,遗憾的是,当时同样活跃于海上画坛、擅绘时装仕女的虞山画家陈映霞未被打捞。今择其所遗画作,为其撰评传,以补近代海上艺林之阙如。

一、他从虞山来:陈映霞其人

    陈映霞(1896—1966),原名陈应镛,自号凡千居士,又作卍千居士,因其家中植有丹桂一株,晚年别署"六品丹桂轩主人",江苏常熟人,常熟有虞山,故常留名"虞山陈映霞"。少年时期就读于常熟县塔前高等小学(即常熟县立第一高等小学),该校是当时常熟第一所新式学校。高小毕业后,他考入位于上海南市的江苏第一商业专科学校(后改名为江苏省立上海中学)读商科,商业专科学校毕业后,因美术专长,留校担任图画课教师,后又兼任上海清心中学美术教师。直到新中国成立前夕,才离开上海重返故乡常熟,晴耕雨读,寄情翰墨。1966年,一生心血在"文革"中化为焦土,于身心的双重打击中辞世。

    从目前能够考证的陈映霞的教育经历中,找不到任何他接受过科班美术教育的证据,亦未见师承。通过后来从常熟走出去的政治学家浦薛凤(1900—1997)的回忆文章《虞山福地童年情景》,可知两位是常熟塔前高小的同学,文中忆起当年的28位同学各有所长,写到陈映霞时,深刻记得"应镛擅水彩画",可见

陈映霞像

他在读高小时已经展现出绘画才能。陈映霞书法亦隽秀,1914年的《时事新报》就刊出过他读高小时的书法作品。后来在上海读商专时期,也有水彩花卉作品发表在杂志《少年》上。陈映霞的夫人周淑贞(1897—1966),亦擅绘事,是常熟画家王琴生弟子,尤工花卉,两人结合可谓珠联璧合,相得益彰。陈映霞夫妇的长子陈磐,在家庭艺术氛围的熏陶下,自幼学画,后来毕业于上海美专西画系(第24届),其夫人周淑芳(1939年入学)是其就读于上海美专时的校友,亦是佳偶天成,琴瑟和鸣。两代人都是艺术伉俪,并且婆媳两人的名字仅一字之差,也是世间少有的巧合。

陈映霞的绘画从20世纪的第一个10年末开始在上海大众媒体中崭露头角,20年代进入创作高峰期,一生笔耕不辍。陈映霞青年时期就患上耳疾,晚年近聋,反而成为他潜心治艺的特殊条件。他在绘画题材上主攻人物,精于仕女,画法上注重中西融合,中年开始博涉多种题材,花鸟静物亦多佳作。曾参加中华民国第一届全国美术展览会(1929年),1941年与顾坤伯、张天奇举办联合书画展。1956年,南京举办江苏省美术作品展览会,会后出版了《江苏省美术创作选集(1954—1956)》,收录得奖作品77幅,其中陈映霞的获奖作品是仕女图《春风媚影》,同时获奖的还有刘海粟、傅抱石、吕凤子等画家的作品。他既擅画,又爱谈画、收藏画,他与当时上海的知名画家谢之光、杭穉英等来往甚多,尤其与同样来自常熟的画家庞薰琹关系密切,在寒暑假中常到庞家切磋画艺[①]。从陈映霞留存下的作品来看,他与画家丁健行之间亦多有赠画往来。在上海期间,陈映霞家中就收藏了不少中外书画,后来尽数没于战火。"事变前,家藏古书画甚夥。又不惜重资购集欧洲各国名画复制品,为数亦巨,常拟辟室陈列,供人浏览,时而更换,若西洋诸国小规模之画廊然,今愿未偿而全数散佚,殊深痛惜。"[②]经此大劫,陈映霞只得重新开始收藏,尤钟情于任伯年、黄宾虹的作品。未曾想,20余年后悲剧竟再次重演,陈映霞的作品和藏品被付之一炬,而夫妻二人也在"文革"爆发不久后去世。同为画家的长子陈磐入狱,作品悉数被毁,七年之后出狱已无法提笔作画,不久之后便与世长辞,这也导

---

① 李峰、汤钰林:《苏州历代人物大辞典》,上海辞书出版社2016年版,第522页。
② 王隅人:《人物画家陈映霞》,首发于《太平洋周报》第25期,1942年7月1日;载黄显功、张伟主编:《海派书画文献汇编》,上海辞书出版社2019年版,第904页。

致美术史上罕见其名。

二、仗一支笔，幻百美图：陈映霞绘时装仕女

在民国的大众视觉文化中，陈映霞最亮眼的成就是他的时装仕女画创作，如今保留下来最多的，也是曾经发表在大众媒体上的时装仕女画。因为美术研究中长久的雅俗分野，对于时装仕女画一直缺乏清晰的定义和系统的研究，不妨从视觉文化和大众媒体的角度，重新考察其内容和形式，还原当时海上艺坛的百样生态。具体来说，时装仕女画是近代上海大众媒体上诞生的第一批都市女性图像，盛行于晚清至民国 20 世纪 20 年代中期，这种图像既区别于传统仕女图，也与兴盛于 30 年代的摩登女郎图像相异，它是处于传统向现代转型中的、带有强烈过渡色彩的都市女性图像，深度地参与了清末民初性别角色的想象与都市文化的形塑。

时装仕女画这一类海派都市女性图像，最早诞生于晚清吴友如创办的《飞影阁画报》，其中附赠"时装仕女"画粹（封面标注为"沪妆士女"，画报内页中标注为"时妆士女"），黑白线描结合西方透视与明暗技法，以写实的笔墨描绘与画师同时代的女性人物，再现都市中的女性日常，涵盖服饰、饮食、习俗、出行、娱乐等晚清女性日常生活。晚清时期可称为时装仕女画的开创期，这些作品后来收录于《吴友如画宝》中的《海上百艳图》，影响深远。进入民国之后的 20 世纪初期，时装仕女画在沈泊尘、丁悚、钱病鹤等一批海派画家的鼎力创作之下，成为商业美术的重要类型和大众视觉消费的文化商品，时装仕女画创作步入兴盛期。这类图像往往先是在报刊中发表，再以"百美图"形式集结出版，比如沈泊尘的《新新百美图》，脱胎于他在《大共和星期画报》上发表的画作；丁悚的《丁悚百美图》中的许多图像，来源于他在《神州画报》上的创作。此时时装仕女画的作画工具从毛笔扩展到铅笔、钢笔，线条率性自如，人物造型与透视技法也更加纯熟，画面内容新旧兼备的特征尤为突出，画家们舍弃了吴友如那般的精雕细琢，以速写式的白描，追求更快速地捕捉"瞬间"。

20 世纪第一个 10 年末开始，时装仕女画创作逐渐步入转型期，既接续了兴盛期时装仕女画的特征，又体现出与兴盛期不同的强烈的西方现代主义风格的影响，一直持续

到 20 年代中后期,陈映霞和但杜宇是这一时期的代表画家。此时期的时装仕女画逐渐褪去传统的影响,虽然仍是线描为主,但加入了更多阴影、块面等西洋绘画造型方式,人物造型、画面构图臻于成熟,少有人体比例失调、画面构图失衡的问题。在内容上,此时更多表现的是与消费社会和娱乐文化关联更紧密的女性形象,其健美和自信的视觉外观,与西方杂志中的都市女性形象接轨,时装仕女的"商品"属性日益突出,陈映霞尤其擅长通过对服饰和环境的细致描摹,来捕捉社会脉动和大众欲望。

陈映霞所绘《映霞新装百美图》内页,共和书局 1924 年版,作者收藏

  最早在 1918 年 3 月的《新世界》画报上,就已能看到尚在读商专的陈映霞所绘的时装仕女画,彼时他还没形成固定的人物风格,与沈泊尘、丁悚等亦步亦趋,笔法和构图尚显稚拙。进入 20 年代之后,陈映霞便出手不凡,不仅人物造型多姿,比例精确,而且线条工致,构图新颖,人物面貌不似沈、丁保留几分闺阁气息,更接近但杜宇的现代风格,并在细部刻画上更胜一筹。他笔下的时装仕女画,展现出城市中产阶级的家庭理想,西式家具、大玻璃窗、地毯、西洋挂画,以及"女主人"时髦精致的装束,让此前时装仕女画中的传统气息,被对西洋情调的追求所取代。

  陈映霞的时装仕女画代表作主要收录在其 1923 年出版的《映霞新装百美图》(上下

册,共一百幅),由平襟霞(即平襟亚)编辑,东亚书局出版,1924年共和书局再版。书内有叶仲均、陶庸生写序,顾佛影、毕倚虹、徐枕亚、张逸少等名人题咏,书法家杨了公在扉页以"仗一支笔,幻百美图,毫端隐现,落雁沉鱼"赞之。叶、陶两人写的序中都强调陈映霞利用教课余暇绘写时女仪容,如此"维妙维肖",实为天资学力兼备。另外,在《时报图画周刊》《解放画报》《半月》《心声》《紫罗兰》《紫兰花片》《上海生活》《紫葡萄》《北洋画报》和《申报》副刊《自由谈》中,都能频繁见其时装仕女画发表。以《申报》副刊《自由谈》的刊头图为例,《申报》作为当时最有影响力的大报之一,其副刊刊头图亦是当时的职业画家争相亮相的舞台,在20年代,《自由谈》刊登陈映霞所绘的刊头图就超过60幅,其中三分之二以上是时装仕女画,他与丁悚、胡亚光、庞亦鹏等同为创作该报刊头图数量最多的几位画家。

陈映霞所绘《自由谈》刊头图

陈映霞画仕女,既熟稔传统技法,又能够结合西画的写实技巧,今日所见的陈映霞留下来的作品都保持在较高的绘画水平,画面细致工整,端庄流丽,不像兴盛期的沈、丁两人更偏向于"速写",也不像个人风格强烈的但杜宇那般灵动率性,陈映霞的优势在于一种工整均衡的和谐之美,每一张时装仕女画都是一幅高度成熟的完整作品。他对画面精细度的要求,让人联想到时装仕女画开创期的画家吴友如和周慕桥,而他对西洋技法的化用又远超其上,很难想象他并未受过科班训练。但同时也要看到,他笔下的时装仕女的"身体"越来越倾向于某种标准化,深受西方潮流的影响。如果说在沈泊尘、丁悚、钱病鹤和早期的但杜宇笔下,还能见到较多中国传统女性身体的痕迹,那么到陈映霞笔下则已冲淡,代之以一种符合现代审美的标准美人形象的塑造。

三、20世纪20年代的时尚符号:陈映霞与服装设计

对"时装"的凸显,是时装仕女画创作转型期的重要特征。随着上海商业繁华愈盛,潮流翻新加速,女性对于时髦的追求,既是自主选择,也有市场的暗中操控,两相互动带来一个物质更加充盈、时装绚丽多彩的世界。时装仕女画对彼时时装的记录与想象,实际上展现了那个时代曾有过或者幻想过的关于时尚的可能性。

20世纪20年代的《时报图画周刊》《上海三日画报》等刊物专门设有关于"上海妇女新装束"的栏目,每期刊登几幅关于服饰衣着方面的图画。陈映霞是画这种女性"装束画"的行家里手,1920—1922年,在《时报图画周刊》上面就集中发表了18幅左右,为同时期发表数量最多者之一,另外还有但杜宇、张光宇、胡旭光、卢世侯等画家。

"装束画"也是较少被关注到的绘画类型,它其实是时装仕女画和时装设计画的过渡形态。时装仕女画注重对某一场景中的女性人物的刻画,展现女性之美及其生活状态。但时装设计画是以展示服装为目的,借由女性身体作为模特,高挑九头身的扁平重复抹平了人物个性,有时连女性身体都被取消,直接只呈现"服装"本身。20年代初出现在大众媒体中的装束画,更像是抽离了背景的时装仕女画,对"女性"的表现转化为对"女装"的表现;女性身体仍是接近现实生活中的女性,并非夸张到失真的模特身材,但又因为取消了环境和活动的描绘,对女性生活状态的表现力减弱。

陈映霞的时装仕女画,本就在"时装"上下足功夫,仔细翻看《映霞新装百美图》,正如其名强调"新装",百幅图中每一套服装都独具匠心,绝无重复,展现了20年代的时尚趋势和服饰审美。该画册以20年代初流行的上衣下裙(裤)为主要形制,衣袖和裤腿上移,露出手臂和腿部的曲线,从开襟、剪裁到印花,体现出一种西方制衣工业带来的机械美学与中式传统服装的结合,尤其在花纹设计上,体现了陈映霞对20世纪初的装饰艺术风潮的回应。因此,陈映霞能同时在《时报图画周刊》上频频发表装束画,并非一时兴

起,他画的装束画旁往往带有解说,常会发表自己对于服饰时尚的观察和见解。比如,他认为"女子装束急待研究者为帽,因其不独有益身体且有关于观瞻",于是专门设计了"白底黑柳条海虎绒新式帽",佩戴时"卷发外露,倍觉新颖美观"。陈映霞还推崇披风的使用,"中国女子昔时有用披风者,吾人可以图画上见,亦甚美观,此则参以西式而倍觉适用,材料宜用国货,颜色须深,质地须柔,罩于衣服之外,既可护温,亦可避秽也"。从他对披风的引介中可以知道,陈映霞深谙女士服饰的古今演变,也密切关注西方的潮流变化,但他不会照搬,而是通过用料、用色的调整,改造为适合中国妇女的形制。他的种种颇有见地的议论和恰如其分的描绘,对于民国早期的服饰时尚确实有引领之功,因此,有服饰史的研究者称陈映霞是我国 20 世纪 20 年代服饰时尚传播者中的"领军人物",赞其时装仕女画为"20 年代的时尚符号","他的时装仕女画代表了 20 年代的服装潮流,反映了那个年代千姿百态的服装时尚,完美诠释着当时的时尚潮流与社会人文的变迁,几乎可以说是 20 年代服装的缩影"③。

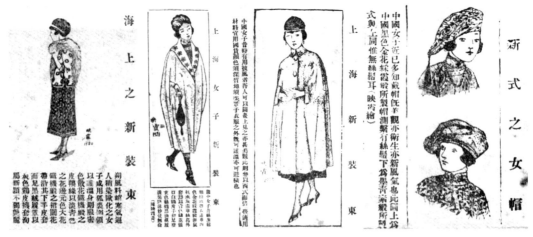

陈映霞在《时报图画周刊》上所绘装束画

陈映霞的时装仕女画和装束画创作呈现出清晰的转型特质,一种将女性身体模特化、工具化的倾向已经显露出来,而这种转型的结果,便是此后出现了专门的时装设计

---

③ 张竞琼、林舒琴:《中国近代服装行业研究:人物篇》,东华大学出版社 2019 年版,第 107 页。

画,并在 20 世纪下半叶风行于世。以叶浅予、方雪鸪、万氏兄弟等为代表,他们既是画家,也是时装设计师,在《上海生活》《上海漫画》《白鹅艺术月刊》《良友》等杂志上发表了大量的时装设计画。这些作品中,女性人物已经完全沦为展示服装的模特,女性身体为服装服务。这些作品因为取消了对女性角色所处环境的描绘,不再具有时装仕女画展现当下女性日常生活状态的意义,从而成为一种从时装仕女画衍生而来的全新类型。而陈映霞的创作,既平衡了"女性"与"服装"的表现,又捕捉了时尚潮流和商业绘画的走向,在 20 世纪上半叶成就斐然,成为此后时装设计画出现的先声。

四、复归虞山去:画家陈映霞的翰墨人生

陈映霞画时装仕女,可能是兴趣使然,也可能是生存需要,因他画得又好又多,足以在民国上海大众视觉文化中留下浓墨重彩的一笔。但这绝非画家陈映霞的全部,只不过因为时装仕女画是发表在大众媒体上而长久地保存下来,而他的其他作品则悉数毁于"文革"。因此,美术史上很难对其绘画艺术作出整体评价,除了 1942 年王隅人的《人物画家陈映霞》一文,后续稀见专门研究。所幸陈映霞后人陈炳彪(陈映霞之孙、陈磐之子)经多方搜罗,于 2011 年集结整理了《陈映霞书画作品集》(未公开发行),收录陈映霞流落各处的绘画作品 79 件、书法作品 2 件,另有 4 幅摘自《映霞新装百美图》的时装仕女画,才得以让他被尘封的面目略显清晰。

从其中年代可考的画作来看,这册画集的时间跨度至少有 22 年(1936—1958),博涉仕女、仙佛、花卉、翎毛、虫鱼、山水等题材,还有两张无法归类但明显受日本浮世绘影响的连环画。陈映霞回常熟后,曾专为常熟卫生所画水彩人体解剖图,他的观察力和表达力更加精进,晚年耳疾加重,也让他治艺益专。对比陈映霞好友谢之光,两人绘画历程类似,早年画时装仕女、月份牌,此后广泛尝试各种题材,谢之光晚年走向大写意,画风豁达自如,其晚年的代表作之一《葫芦游鱼》,就是以脱略夸张的笔法捕捉鱼儿嬉游的情形。陈映霞则喜欢画静物,折一枝桂花,剥一粒蚕豆,细细端详,缓缓摹画,从构型到上色,纯熟精准又平实自然,颇得恽寿平画蔬果的工整妍雅之风,但又能够从中看到清晰的轮廓构形和光影表现。陈映霞所绘的蔬果写生平易近人,莲蓬、茄子、蚕豆、菱角、

芋艿、丝瓜、佛手柑等都被他挥毫落纸,江南日常生活的兴味跃然纸上,也能从中看出陈映霞回归故里后尽享临池之乐的恬淡心境。

另外,从这些画作上寥寥数笔的题写中,陈映霞的形象逐渐鲜活起来。比如 1943 年,陈映霞画了一幅《三羊开泰》扇面,色彩明快,春风荡漾,题记中写道:"中华民国三十二年长夏,全国租界收回,复兴在望,以之纪念。"其时生活在上海的陈映霞,想必有感于时,在强烈的家国情怀驱使之下才画了如此一幅明快活泼的画。1950 年春天,他连续画了两幅剥开的豆荚静物画,只为了检验"蚕豆子不依顺生"这一令他好奇心切的植物学现象。喜极之时,还能看到他在同一张画中题写四五次,盖五六方不同的印。

要说陈映霞最激动的一次题写,却是为一幅自己 40 年前所绘的传单。1959 年 5 月 16 日的《人民画报》刊登了纪念五四运动 40 周年专文,配图是两幅当时的传单和两张现场照片,陈映霞发现其中的一幅传单竟是由当时尚在上海读商专的自己所绘。该传单画的是一具倒在血泊中被肢解的人体,分散各处的身体分别代表邮政、电报、关税、矿路,以此来象征被列强瓜分的中国。如果不是陈映霞后人从他的遗物中看到他在这页画报旁边的批注,永远也不会有人知道,这张没有署名的传单,记录下了一位青年学子的爱国热忱,以及一位画家的半生历程。他在这张画报页上写下这样的旁批:

> 右下角一幅"五四"时期的传单,
> 这幅画吾在上海江苏省立第一商业学
> 校读书时,适逢"五四"运动勃兴,作为

1959 年 5 月 16 日《人民画报》上的陈映霞批注页,引自《陈映霞书画作品集》

当时吾画来宣传用,哪里晓得隔着四十年后纪念此一伟大运动,在《人民画报》复刊出来,而且在四十年代之后,吾仍能亲眼看到,及吾所希望要在帝国主义手中夺回,几遭亡国之祸,竟能如吾之愿,真真使吾平生第一快乐。

陈映霞大呼此为他"平生第一快乐",时光倒流到1919年,可以想象其时尚值青年的他一边在画报上投稿,创作大众喜闻乐见的时装仕女画,但另一边,他和那个时代的众多进步学生一样,奋身投入时代的洪流。这张画报原件现在被常熟市档案馆永久收藏。

尽管《陈映霞书画作品集》中作品零散,不成体系,但它补充了陈映霞在时装仕女画家身份之外的更多面相,尤其体现了他对如何融合中西艺术的多元探索。据王隅人回忆,陈映霞曾向他表达过中西艺术应该结合的看法:"国画无明暗,而不知无虚实的画面,怎能表现绘画的精神?"所以哪怕是他的传统仕女作品,也能从工细缜密中区分阴阳向背,且用色大胆,极具辨识度,"这实在是从古艺术的技法之中,渗透进西洋画的写实,否则决不会这样生动素朴的"④。晚年陈映霞不刻意求新、追求西法,但对事物细致入微的观察力和精确简洁的表达力已深入骨髓,既有海派画家兼工带写的笔墨功底,又拥有极强的造型能力和色彩表达,他游刃在中西、今古之间,始终保持开放、兼容,自成一种生动素朴、雅俗共赏的风格。

陈映霞为人淡泊,与世无争,晚年在一幅描绘佛手柑的水墨静物画中自题:"一片丹心达上苍,不干名利免遭殃。愿将佛手双垂下,接引斯人到乐邦。""文革"到来,陈映霞却率先"遭殃",先是经历红卫兵抄家,此生珍藏尽毁,短时间内又经历鼓盆之丧,最终肠断泪枯,撒手人寰。他常自题"虞山陈映霞",最终也葬于虞山,不知是否让他魂归"乐邦"。

陈映霞的绘画生涯,代表了晚清民国时期上海中西交汇浪潮中的一种画家成长路径。他虽无师承,但上海这座城市就是他最好的老师,他积极投入上海的美术市场,用时装仕女画捕捉大众欲望和社会脉动,作一种为大众的"实用"美术。他也是切实生活在那个时代的具体的人,亲眼见证时代洪流和历史巨变,会为民族危难疾呼、为租界收回欣喜、为家常兴味知足,将自己的情感都化为笔底波澜,最终又隐入历史尘烟。

---

④ 王隅人:《人物画家陈映霞》,首发于《太平洋周报》第25期,1942年7月1日;载黄显功、张伟主编:《海派书画文献汇编》,上海辞书出版社2019年版,第904页。

远山景直的《上海》
——史上最早专门论述上海的著作

徐静波

一、19世纪下半期日本人有关上海的论述

　　日本人在19世纪中叶之前,几乎不知晓上海的存在。新井白石(1657—1725)完成于1713年的《采览异言》中,有相当的篇幅是对中国地理的描述,但里面都未提及上海。这一方面是由于上海其时尚未成为一个通商大邑,另一方面也由于自17世纪开始的锁国时代,遮蔽了日本人对外界的充分认识。江户幕府末期的日本人开始注意到上海,主要是1854年尤其1859年日本被迫打开国门以后,大量欧美的商船开始来到横滨、长崎等开放港口,而这些船只相当一部分是由上海驶来的。上海最初在日文中的表示是サンパイ或サンハイ,罗马字大概可写成Sanpai或Sanhai[①],而不是后来广泛使用的汉字"上海",这大概是因为这一地名最初是英美人传到日本的,日本人根据英美人的发音写成了假名吧,当时日本人对于上海的知识,大半也是通过西洋人获得的。

　　1862年,日本第一次向中国派出了一艘"千岁丸"的官船,6月2日抵达上海,逗留了差不多两个月,虽有贸易的使命,主要则是借此探测中国的近况。同行的多为青年武士,留下了《游清五录》《上海行日记》《自长崎至上海航海日记》《上海滞在中杂录》《唐国渡海记》《上海杂记》《中国见闻录》等多种著作。虽然各人的视角和体验稍有不同,但对上海的总体感觉是负面的,这一方面是因为上海周边当时正遭到太平军的进攻,大量难民涌入上海,街市极为脏乱,吸鸦片成风;另一方面,黄浦江西岸虽然已有洋楼耸立,江上百舸争流,但基本上都是洋人主导的世界,华人的地位明显在洋人之下。

---

① 春日徹:《一八六二、幕府千岁丸の上海派遣》,选自田中健夫编:《日本前近代の国家と对外关系》,吉川弘文馆1987年版,第561页。

1866年9月,有一个名曰岸田吟香(1833—1905)的颇有文人气的日本商人,陪同美国人赫本(J. C. Hepbern, 1815—1911)到上海来印制自己编纂的《英和词典》,在吴淞路南端居住了8个多月。江户时期成长的吟香,有很不错的古汉语修养,能诗善画,在上海期间,与上海城内的文人多有往来,诗文唱和,留下了一部《吴淞日记》,对上海老城的日常市井、一般人的衣食住行,都有仔细绵密的记述,其中有一段写到了老城内过年的景象:

> 不管走到哪里,都是一片爆竹声,喧嚣不已。大家将笔管粗细的竹子切成一寸五分长短,往里填塞焰硝,口边装上引线,外面用红纸包裹起来。可以一个个燃放,也有的将一百或两百个整齐地码放在箱子里。一起燃放的话,就会连续爆响。……今天是正月元日,家家户户都休息了,但也有几家开着门,在做着生意。看见几处正在卖年画,显然这也是新年的畅销货。不时地可看到从关着的门户的圆洞口伸出一个黄铜做的吹响器②,样子像糖果店的喇叭,声音很怪,像是鹤的叫声。此外,有的人家只是在不知所以地敲锣打鼓、击掌。每户人家都传出了开心的笑声,好像是在饮酒吧。只是没见到有日本那样的弹着三味线、吟咏诗歌的人家。不过不时也可见到姑娘们一边弹着琵琶、三弦,一边开心地交谈着。新年的拜年仪式,大家都是拿着自己的名片在走家串户,在红纸上写上自己的名字,手里拿着一百来张,递上这样的红纸,彼此鞠躬作揖,口里说着恭喜恭喜。进入人家屋内,可见和日本的案几一样的器具,在圆盘内盛放着橘子、栗子、柿子干、豆子、桂圆、橄榄、瓜子、慈姑等,整齐漂亮地排放着;另外在台子上也会摆放三样左右,入座后就会敬茶,拿起橘子等请你吃。另外,还有供品,也就是年糕。在中国也有不少制作年糕的店铺。跟日本一样,可见到捣年糕的景象。年糕就像日本的糕团一般。③

同时,他对于当时上海的妇女缠足、男子留长辫长指甲、吸鸦片等现象,也作了讥讽和批判。

---

② 应是唢呐吧——引译者注。
③ 岸田吟香:《吴淞日记》第五册(中)。这批日记,经日本学者圆地与四松(1895—1972)整理,分别发表在《社会及国家》杂志的第185—200号(1931年8月至1932年11月)。

以汉学家著称的冈千仞（1833—1914）1884年6月5日抵达上海,在上海盘桓将近两个月,留下了汉文撰写的《航沪日记》和《沪上日记》,收入《观光纪游》中,现有中文版,这里不赘述。

1890年9月,此前在中国待过几年的荒尾精

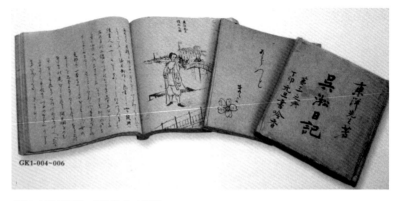

岸田吟香《吴淞日记》的文本图像

（1859—1896）,痛感与中国展开贸易的重要性,经过多方筹备,带领约两百名日本师生来到上海,开办了"日清贸易研究所",除了学习研究中国外,还组织师生展开田野调查,撰写了一部《清国通商综览》。《清国通商综览》共三大册,总计2324页,关于上海的内容占了相当大的部分,其中,还特别写到了黄浦江边的公园,即后人口中的外滩公园或黄浦公园,但那时曾被称为圆明园：

> 公园于一八六八年建于黄浦、吴淞两水交汇之江畔低洼处,填土造地,位于英租界英国领事馆之前,两面临江,风景绝佳。炎夏酷暑之时,亦常有凉风；每至夏季,自夕阳西斜时分起,避暑纳凉者络绎不绝。公园规模虽不甚大,然园内遍植各种花卉,四季竞美。园中央有一座音乐堂,近年经改建,每年五月至十月末,乐队演奏音乐,以此为居留人民提供娱乐。三伏季节,男女老幼结队而来,几无立锥之地。此园仿照北京圆明园建造,因而称圆明园,其经费由一般居留民负担,无论贵贱,皆可进入。唯中国人未出经费,因而不准入园游玩,引起不少议论。遂于昨年十二月,在苏州河畔另辟一处公园,主要供中国人游览。然其位置与规模及园内风光,皆较前者为劣。④

此书的编纂者是1890年9月来到上海的,书的出版在翌年的8月,对于上海的描述,大都是亲历的体验和调查,再加上部分本地和租界的文献记录,因此相对比较可靠。

---

④ 日清贸易研究所：《清国通商综览》第一编,1892年版,第79－80页。

《清国通商综览》内页照片

这里对外滩公园的记述，明确提到了不准中国人入内，理由是中国人未出建园的经费。1902年4月，东京同文馆发行了藤户计太君编纂的《中国富源扬子江》，对上海的叙述，占了相当的篇幅。这一时期，日本人对于上海的记述，已留下了丰富的文献。

二、第一本以"上海"为书名的日文著作的问世

到了20世纪初，随着上海的日益发展及在远东的地位越来越重要，日本人对上海的关注度也越来越高，有关上海的著述层出不穷，但其内容都是收录在诸如上述的有关中国的综合性著作或是有关江南的书籍中。1907年2月28日，第一部以"上海"为标题的著作《上海》由东京的国文社出版了。作者是远山景直，他也是这本书的发行人，此书在上海的销售点有三个，一是日本堂（书店），另一是位于河南路的东亚公司新书局，还有一个是日本人经营的松翠洋行。

关于作者远山景直，其详细的事迹今天已颇难稽考，据其在例言中所述，他自号"长江客渔"，显然与中国的渊源不浅。1886年时初来上海，之后又时常买棹西渡，1905年秋又再度来到上海，在沪留居将近一年，具体做何经营，不详。在上海期间，他查阅了多种有关上海的文献（包括上海县志、日本领事馆报告、工部局档案等），又走遍上海的大街小巷，作实地勘探调查，同时将所闻所见随时笔录，积240余条，遂整理成《上海》一书，共421页，并附20余幅照片和详尽的上海地图，堪称一本煌煌大著。

作者在该书中设立了164个条目，从历史沿革、地理气候、语言、居民、各租界的行政管理体制、公共设施、主要轮船公司和港口设施、银行钱庄、货币一直到上海人的日常衣食住行，包括小菜市场、牛奶棚、各色店铺、酒馆茶楼、戏院书场、妓楼烟馆、上海人的新旧习俗，都有极为周密的记述。比较可贵的是，作者对渐趋成熟的上海日本人社会有较为完备的描述，包括日本人在上海开设的各类洋行公司、教育机构、编辑出版的报纸、日本商店、日本旅馆、日本医院、日本人俱乐部、日本自警队等，尤其是商店部分，可谓网罗了几乎所有在上海开业的日本公司和商店的资讯，具有较高的文献价值。虽然该书

称不上是一部严肃的研究著作,但也不是一部肤浅的走马观花式的见闻杂记,它更多流露出的是一个有些旧文人修养又沾染了些商人习气的普通日本人对上海的态度。

从相对还比较纯色的日本来到上海后,远山直观地感受到了上海的多样性和独特性,他甚至觉得,上海正在形成或者可以成为一个独立的"上海国":

> 想来在不久之将来,禹迹神州将建成一世界共通之上海国,业有近来公共租界行政之发达、商业机关之完备、因时势之需而渐次勃兴之诸工业、将江南之富连成一体之金陵苏杭铁路,已具备不可轻侮之资质,其前途可瞻;远有人种之混血、风俗及生活交融之趋势,事态若如此演进,浑然一体的上海国亦将渐渐戴上这一冠冕了。⑤

远山想得有点天真,他觉得上海一地(当然对于上海区域的理解,他指的是外国租界及附属的上海港以及事实上已成为租界一部分的浦东,不包含上海县城等华界),已有 28 种国籍的人,有 23 省中国各地的黎民,包含了世界上所有的人种,有 14 个国家的领事馆,而不管你是什么国籍、什么人种,只要你在上海买了房屋居住,有自己的职业,如果赋予你选举权的话,那么就可以选举出行政委员会,再由委员互选,选出最高长官,有这样的行政机构来负责上海的秩序安宁,人民就可在此安居乐业,而租界的地域也会日益扩大⑥。

确实,欧美人来到上海之后,在其所占据的租界这一地域,事实上是带来了相对先进的城市建设和市政管理,以及新的产业形态,然而欧美人凭借其强大的武力背景,在上海处于居高临下的统治者地位。在租界的地域,原本是这一土地主人的中国人,却受着不公正的待遇,作为市政管理机构的公共租界的工部局和法租界的公董局内,早期没有一个华人成员。租界内的中国人,也从来没有获得过选举权,行政、司法和警务都掌握在外来的洋人手里。因而对于居住在上海的中国人而言,"上海国"并不会令他们有丝毫的自豪感。据《上海》一书的统计,截至 1905 年 10 月,在租界内居住的外国人的总人数不过 11497 人,而同期中国人的人数为 452716 人,是外国人的 40 倍以上,除了少数

---

⑤ 远山景直:《上海》,东京国文社 1907 年版,第 4-5 页。
⑥ 《上海》,第 5 页。

买办等高等阶级之外,基本上都处于被统治的下层地位。

三、远山景直眼中的上海租界

远山所著的《上海》一书的价值所在,还是在于对于上海的翔实记述,以一个日本人的视角,为今天的人们留下了许多珍贵的历史图景。其中对于昔日属于法租界的徐家汇及徐家汇天文台、教堂、学校均有颇为详尽的叙述,并对此表达了一个明治晚期的日本人的赞叹和感慨,这里译述其中的一部分:

《上海》书影

徐家汇,念作 Siccawei,又念作 Zi-ka-wei⑦,距上海五英里,沿途经过圣凯撒琳桥后,可见右侧的北美合众国的 Seventh Day Baptist Misson⑧ 的大厦,一路被法国梧桐树所掩映,风光如画。进入徐家汇的本村,有洋人间著名的徐家汇天主教堂,然对于吾人来说,司天台已早有听闻。

明神宗万历年间,当地的富豪徐氏⑨(约在公元 1580 年间),皈依天主教传教士利玛窦(Ricci),捐出财产和田园,在此创立教会,传播教义,于是耶稣教在附近渐次传播开来。1722 年清雍正年间,对教徒加以迫害,其迹几乎湮灭。1840 年左右,热心的传教士再度传播教旨,以至有今日之盛况⑩。

1907 年的日本,基督教早就合法化。1864 年就在长崎建造了纪念殉教死难者的大浦天主堂,各类教会和教堂相继出现,教会学校也遍布全国,日本人对于西方的宗教,已完全没

---

⑦ 这是法国人拼写的西文符号,不是根据官话即今天普通话的发音,而是按照上海话的发音表示,Zi 不按今天汉语拼音发音,与英文的音标发音相近。今天徐家汇天主堂铭牌上的英文介绍,徐家汇依然被标记为 Zi-ka-wei——引译者注。
⑧ 基督教浸礼会——引译者注。
⑨ 即徐光启——引译者注。
⑩ 《上海》,第 206 – 207 页。

有了 1862 年"千岁丸"随员到达上海时的愤恨了,上述的描述就是典型的一例。对于徐光启与利玛窦关系的叙述,与今天中国教科书的记载有些不一样,译述在此,权作参考。

书中对于徐家汇天文台(当时被称作司天台)及与教堂相关的设施作了这样的叙述:

> 徐家汇司天台对于世人贡献颇多,为了让世人知晓该教会的存在,司天台每天与世界各地大约六十余处的天文台和气象台保持通信联系,掌握东亚一带的气象报告,其发布的气象预报每天刊登在上海的各种报纸上,并在法租界安装信号标,在中国沿海航行的轮船皆采取其标准,以警戒各种危险。又在上海发布正午的报时信号,由这一天文台通过电流垂下时辰球,发布正午的时间点,出入的船舶皆以此定为正午时刻。又每天通过英法两种文字发布气象预报,若有临时的气候突变,也以这样的方法立即公布于世。
>
> 教堂所属的除上述的司天台之外,还有男女的孤儿院。男儿孤儿院约有两百人,他们接受严正的学校教育,其工艺部足可大观,其中尤以木工为第一,制作各种家具即椅子、桌子等;利用教会的一部分经费,设有绘画室,绘制的宗教画供不应求;还有印刷间,印刷书籍,有摄影间、音乐教室、图书馆等,据说有不少有益的报告书和其他参考材料。又有一家博物馆,由既是植物学家、地质学家又是著名传教士的福特创建的,其建筑的宏伟和陈列的内容令人不胜赞叹。欲参观本教会所属机构的,请务必上午去,下午通常闭馆。⑪

在《上海》中,对当时上海的学校也有比较详尽的记述,书中列出校名的学校有 48 所,另有女子学校 14 所,合计 62 所。当然这是一个不完全的统计。远山在撰写此书的时候,中国刚刚废除阻碍近代学校教育的科举制度,此后中国与科举考试无关的学校教育才正式发展起来,而上海一直走在中国近代教育的前沿。在此书中,除徐家汇教堂的附属学校外,特别推举了格致书院和澄衷学堂。

格致书院是同治十三年(1874)由英国总领事发起、经中外官商捐资兴建的学校。到了博学的王紫诠任院长时,修订一切规则,以期尽善尽美,又开设图书馆,每

---

⑪ 《上海》,第 207 – 208 页。

日下午两点到四点,晚上七点到九点对外免费开放。如今上海的格致中学,在一定程度上延承了当年格致书院的流脉。在虹口的澄衷学堂,校舍规模宏大,可容两千学生,现有学生三百余人,由宁波人叶澄衷捐资十数万两兴建。叶澄衷出身贫贱,原在上海以小舟向各船舶出售蔬菜,为人勤俭正实,后来发达,常谓"得财有道,散财有途",亦不失为一个人杰。⑫

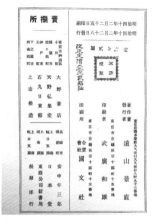

日本人描写上海的西洋人设施,应该是出自第三方的立场,相对比较公允。当然,明治以后的日本人,对于西洋的物品,多持赞美的姿态,若干溢美之词,也需加以辨识。日本在1859年以后,相继开放了横滨、长崎、神户等作为对外开放的港口,也陆续有外国侨民(日文称为"外国人居留民")在这些城市居住,但始终没有租界的出现。虽然早期

《上海》中收录的上海照片　　《上海》一书的版权页

也有"领事裁判权"等的不平等遭遇,但土地的主权和管辖权,一直在日本人的手里。以后日本人又仿效西洋人,开始在海外扩张,基本上屈辱的体验在经历了早期的与洋人局部的对峙甚至冲突之后,很快就服膺西洋文明,因而对于西洋人给上海带来的近现代文明,基本上都是出于欣赏和赞美的笔调。

四、对 20 世纪初期上海人日常生活的观察

远山景直的《上海》,主要是写给日本人看的,且主要是三类日本人,一是来上海居住经营的,二是与上海的中国人做生意的,三是来上海旅游观光的,尤其针对第一、第二两类人,因为在那个年代,真正的观光客还不多。因此,此书对于上海的生活环境,尤其

---

⑫ 《上海》,第 201 – 202 页。

是房价、物价、物品供应、适宜日本孩童接受教育的机构等,都有出于日本人立场的描述,从中也可看出日本人对上海认知的一个大要。

关于一般日本人在上海的食费,远山认为,中国商人一个月的食费在 3 元到 4 元,日本人一个月有 6 元就足够了。中国钱 1 文相当于日元 1 厘钱,100 文大约等于 10 钱(1 角)。这里选几项书中陈述的物品来比较一下。白米 1 石(100 升)约中国钱 4 元 2 角;老酒(绍兴酒)1 斤 60 文;高粱酒 1 斤 180 文;酱油 1 合(1/10 升)约 25 文;白糖 1 斤约日元 14 钱;猪肉 1 斤 130 文;牛肉 1 斤 120 文;普通绿茶 1 斤日元 50 钱至 1 元;豆腐 1 斤 20 文;鸡蛋 1 个约日元 1 钱 2 厘;鸭蛋 1 个约日元 1 钱;白菜 1 斤 20 文;鳗鱼 1 斤 120 文;黄鱼 1 斤 160 文;蟹(应该是海蟹)1 斤 120 文;甲鱼 1 斤 160 文;茄子 1 斤 14 文;黄瓜 1 斤 14 文……[13]。由此大致可知当时(1905 年前后)上海食品的一般价格。顺便说及,当时日元与中国银元的兑换率,是一个日元相当于中国银元的九角五分左右。这里的甲鱼和黄鱼等都是野生的。个人觉得对于中等收入的人来说,当时上海的物价是相当低廉的,只是当时中国中产阶级的人数很少,穷人占了绝大多数。

让我非常感兴趣的是,远山在记录上海的食物时,食物名称的念法都注上了日语平假名。根据日语假名的发音,我发现,这些食物名的发音,基本上都是上海话,不仅如此,不少还是宁波话的发音,也许是因为当时的经商者或小贩有许多是宁波人。日本人在做田野调查时,根据商人或小贩的口语发音,随手用假名记录了下来,结果念出来大半是上海话甚至是宁波话。我自己是上海出生,祖籍是宁波,不仅从小听惯了宁波话,还有意学会了宁波话,因而知晓哪些发音是宁波话。比如鲳鱼,宁波人把它写作鲳鳊鱼,当然是一种海鱼,与鳊鱼无关。宁波人把鲳鳊鱼念成 chuo-bi-n,大概鲳鳊鱼不易写,一般的小贩识字不多,日本人向他们讨教,依据宁波话的发音得来的汉字是"车片鱼",注上的日语发音是つーぴーう,勉强可以读成 chuo-pi-u;还有金柑,宁波话的发音是 jin-gi,日语假名是ちんきー,可以读成 qin-ki;至于像虾米,日语假名注为ほみー,可读作 huo-mi;黑芝麻,日语假名注为はつーもー,可念成 ha-zi-mo;白芝麻,日语假名注为ばつ

---

[13] 《上海》,第 173–177 页。

一もー,可读成 ba-zi-mo⑭。这些词语与普通话的发音大相径庭,而在上海话和宁波话里差不多是一样的。由此可见,20世纪初乃至上半叶,在上海通行的主要是上海话,而当时形成的上海话中,宁波话的发音占了相当的比率,甚至也有广东话和洋泾浜英语。这一现象,写作《上海》时的远山及同时代的日本人也注意到了,他们发现租界内流行的上海话,与上海土著语言的发音有较大的差异,而是江浙一带语言间或还有广东话夹杂的混合体。这又让我想起了至今在日本的老牌中餐馆里仍然颇为盛行的一种餐后甜食,曰"杏仁豆腐",日语的发音完全是上海话,はんにんとうふ,可念作 han-nin-tou-fu,与官话或普通话的 xing-ren-dou-fu 相去甚远,因为这一种上海风的甜食,是在战前传到日本去的,在上海本土已渐渐消失,可日本人都知道。

在远山的《上海》一书中,还记录了洋人与华人在收入上的极为不平等的数据。以上海工部局巡捕房员工的收入为例。总巡捕头1名,月薪600元;副巡捕头7名,180~200元或以上;经管马匹和车辆的副捕头各1名,月薪在180~200元。这些职位都由洋人占据。侦探长1名(洋人),月薪180元,会汉语者,加40元;包探(洋人)5名以上,月薪100元,会汉语者加薪若干;巡捕(洋人)100名以上,月薪根据级别定为65~90元;印度人巡捕200名,月薪在18~21元;中国人包探34名,月薪在15~25元;中国人巡捕600余名,月薪在15元以下⑮。且不说月薪在15元以下的一般中国巡捕不能跟月薪600元的总巡捕头相比,也在印度人巡捕之下,即便同为包探的级别,中国人是15~25元,而洋人则是100元。若这样的"上海国"成立,怎么可能是中国人的"上海国"呢?

《上海》中,还留存了一份当年日本驻上海总领馆在明治三十九年(1906)5月16日发布的面向一般日本居留民的"馆令",共有21条,对有以下行为者,处以80天以下拘留或80元以下罚款,内容颇有意思。这里选译几条:喝得酩酊大醉且在路上喧噪或醉卧者;在路上高声吟诗或放歌者;男扮女装和女扮男装在街上闲走者;裸体或袒裼或露出股脚及其他丑态或丑装在道路和公园里步行者;未经许可在户外开设酒宴及歌舞音曲者;在道路上未设置厕所之处大小便及让小儿大小便者;在公园和道路旁攀折草木

---

⑭ 《上海》,第174–177页。
⑮ 《上海》,第72页。

者;在未经规定的场所和时间投弃垃圾及其他污秽物者;在户外未对自己的饲犬在口上套圈者……诸如此类,今天看来依然相当有意思。由此可见,日本当局对在海外的本国公民管教颇严,也很注意本国人在海外的形象。之所以制定这样的规定,说明曾犯有这样的行为者。而真能实践上述规定的日本人,在上海也能赢得上海本地居民和其他外国人的尊重。总体而言,日本侨民在上海的口碑还可以,然而骄慢轻狂者也并不罕见,尤其对中国人。日本总领馆发布这样的规定,也是为了整肃在沪日本侨民的行为。

外国人对于上海记述的比较完整的文集付梓,1881年出版的 *Sketches in the Foreign Settlements and Native City of Shanghai*(《上海外国租界与老城素描》)大概是最早的,不过这不是一部个人的著作,而是将当时上海的英文报纸 *The Shanghai Mercury* 中的相关文章编集起来的集子。之后的1894年,还有一本同样的集子 *Sketches in and around Shanghai*(《上海及周边地区素描》)问世,编选者是麦克法兰(W. Macfarlane)。就个人著作而言,出身于香港的英国人裘昔司(Carlos Augusto Montalto de Jesus)出版于1909年的 *Historic Shanghai*(《上海史》)大概是最早的一本英文著作。如此说来,远山景直于1907年2月出版的《上海》,不仅是第一本直接以"上海"作为书名的日文书籍,差不多也是全面完整地记录了历史与现实上海的第一本个人著作了,从这一角度来说,该书在上海史研究方面,具有突出的意义。